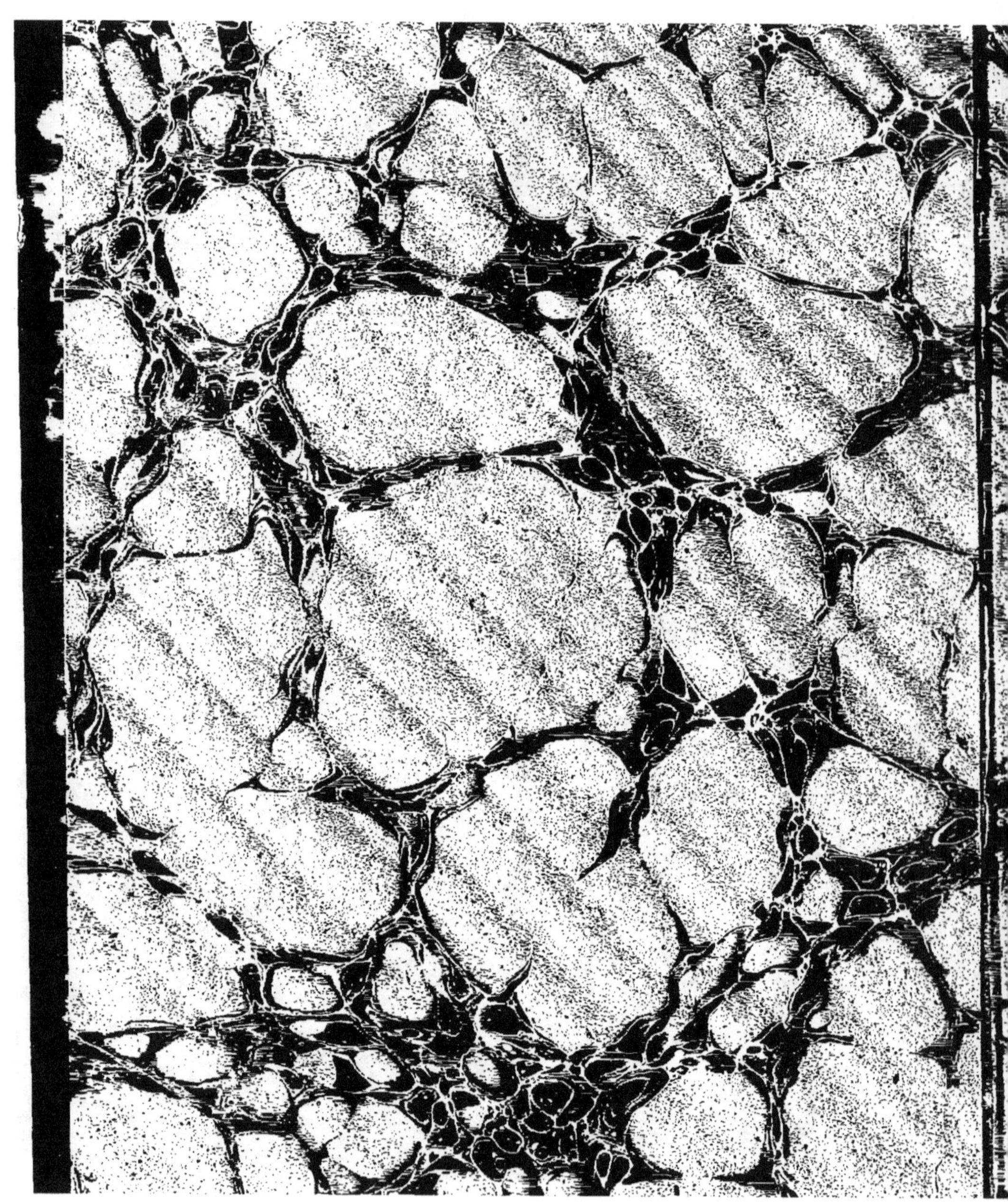

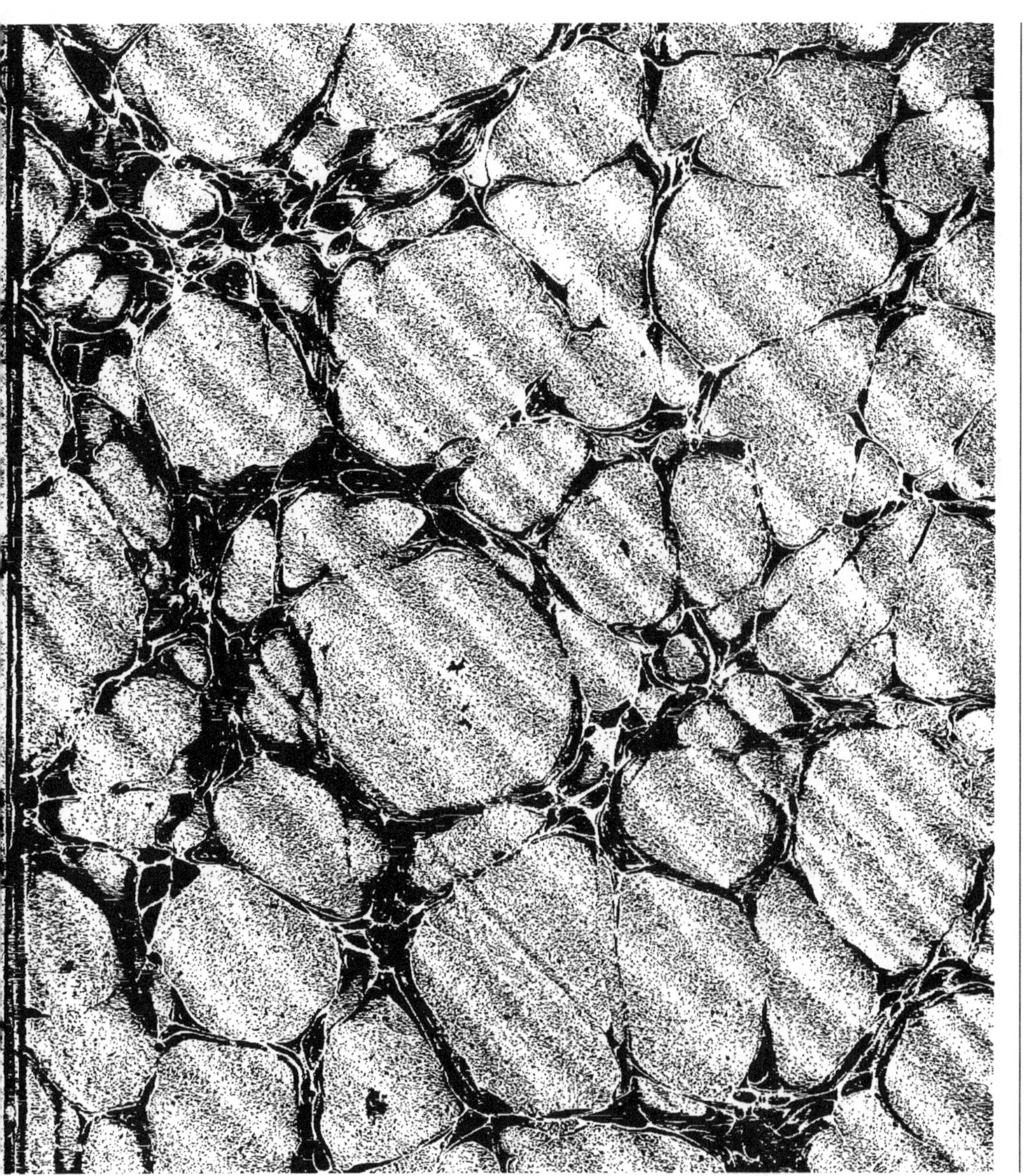

SCÈNES

DE

MOEURS ARABES.

Paris, Aug. MIE Imprimeur, rue Joquelet, n. 9, place de la Bourse

SCÈNES

DE

MOEURS ARABES,

PAR

LOUIS VIARDOT.

ESPAGNE. — DIXIÈME SIÈCLE.

PARIS,

PAULIN, LIBRAIRE-ÉDITEUR,

Place de la Bourse, n. 31.

1834.

PRÉFACE.

En publiant, l'année dernière, *l'Essai sur l'histoire des Arabes et des Mores d'Espagne*, je disais que, pour rendre à la vie historique un grand peuple qui a disparu de la face de la terre, il faudrait que les Arabes trouvassent ce qu'ont eu les Écossais : un Walter-Scott, complétant l'œuvre d'un Robertson. Je tente aujourd'hui, non certes d'imiter le premier, après m'être tenu si loin du second, mais simplement de compléter mon propre ouvrage, en ajoutant aux aperçus généraux des événemens historiques, d'autres aperçus de mœurs publiques et privées. J'avais

senti, dès l'origine de mon travail, la nécessité de cette continuation; mais sa difficulté m'effrayait et m'avait retenu. J'ai pris
enfin un moyen terme entre mon désir et
mon insuffisance. Au lieu d'ordonnancer et
de peindre le grand tableau d'un roman historique, devenu si difficile, sur toute matière, par la comparaison, et peut-être impossible pour le sujet particulier, j'ai borné
ma tâche à dessiner une espèce d'*album*,
dont les feuilles détachées offrissent un à
un les objets les plus saillans et les mieux
connus, et qui, se tenant du moins entre
elles par le lien d'une même époque et de
mêmes personnages, formassent un tout,
ayant son commencement et sa fin. Cette
humble forme, infiniment plus à ma portée, épargnera de même au lecteur les im-
perfections plus grandes d'un cadre plus
ambitieux.

Ce livre n'est pas du roman; encore

moins du drame, malgré son titre; c'est de l'histoire, de l'histoire anecdotique et descriptive. Voilà comment je désire qu'il soit considéré par ceux qui le liront. Si je n'avais craint que les notes ne vinssent à tenir plus de place que le texte, j'aurais pu appuyer chaque détail d'une citation de quelque autorité. Tout est pris, soit dans les auteurs espagnols, tels que Casiri, Conde, Andrès, Perez de Hita, Hurtado de Mendoza, Bleda, Marmol, etc., soit dans les précieux travaux de nos orientalistes, d'Herbelot, Savary, Mouradgea d'Hosson, MM. Silvestre de Sacy, Grangeret de la Grange, Garcin de Tassy, Humbert, etc. Je n'ai fait que réunir, pour en composer des figures complètes, les traits épars qu'ils m'ont fournis; sans rien inventer, ni dans la nature des sujets, ni dans leurs développemens, et sans me permettre d'autres suppositions que celles qu'autorisait l'induction la plus rigoureuse. J'ai l'espoir que ceux qui savent reconnaîtront l'exactitude des esquisses que j'ai tracées ; heureux, si ceux qui veulent savoir, disent aussi, comme devant ces portraits dont on n'a point vu l'original, mais où l'on sent que la nature est copiée avec conscience : « Cela doit être ressemblant ! »

SCÈNES

DE

MOEURS ARABES.

LA MOSQUÉE.

« Dieu est grand. Il n'y a qu'un Dieu, et Mahomet est son prophète. Venez à la prière, venez à l'adoration, Dieu est grand, il est unique. » Ce cri, mille fois élancé dans les airs du haut des minarets des six cents mosquées de Cordoue, appelait à la prière du matin les habitans de cette grande cité. A peine le soleil commençait à frapper de ses premiers rayons les innombrables croissans d'or qui brillaient à la pointe des obélisques, et déjà s'agitait toute la population de la capitale de l'empire arabe. Trois cent soixante-quinze périodes de douze lunaisons s'étaient accomplies depuis la fuite de Mahomet à Médine, et l'on était au premier *Djémah* du saint mois de Rhamadan (1). Mais une solennité, plus grande que les solennités accoutumées de ce jour, augmentait l'empressement des fidèles, toujours dociles à l'appel des *Muezzins* (2). Ce n'était pas seulement le peuple de Cordoue qui se rassemblait aux approches de l'*Aljama* (3) ; les habitans du grand faubourg d'orient couvraient d'une multitude empressée les rives du Guadalquivir, et de longues processions de gens des campagnes, montés, pour la plupart, sur des chevaux ou des ânes, et quelques-uns sur des chameaux, venaient, de toutes les directions, mêler leur foule à la foule

(1) Premier vendredi du carême.

L'année 376 de l'hégire correspond à l'an 998 de l'ère chrétienne, et 1036 de l'ère espagnole, — Pour connaître les événemens de cette époque, on peut consulter l'*Essai sur l'histoire des Arabes et des Mores d'Espagne*. (Première partie, chap. 2.)

(2) *Mouadzyn* (en espagnol, *Almuédano*), crieur, qui fait l'office des cloches.

(3) *Al-Djami*, grande mosquée, cathédrale.

sortie des deux cent mille maisons de la ville impériale.

Le mois des fleurs prêtait à la cérémonie l'une
de ses plus belles journées. Par une conjoncture
que le peuple jugeait heureuse, la lune, qui ne
s'était levée sur l'horizon qu'après la douzième
heure de la nuit, avait brillé jusqu'à l'aube du
matin, et son disque pâle apparaissait encore à
l'occident, au milieu des dernières étoiles, tandis que le soleil régnait tout radieux sur son
trône de l'orient. L'air était calme ; aucun vent
ne pliait la cime des palmiers, et quelques brises
légères, soufflant de l'ouest par intervalles, ap-
portaient, avec la fraîcheur des sommets neigeux
de la Sierra-Morena, les parfums des mille jardins qui enveloppent d'une ceinture embaumée
Korthobah la grande.

Les dix-neuf rues parallèles qui aboutissent
aux dix-neuf portes des trois faces du temple, et
les trente-huit rues semblables dont elles sont
transversalement coupées, ne pouvaient contenir
la multitude qui affluait à flots pressés sous les
colonnes de leurs longues galeries. La rue du

centre, conduisant à la porte principale, et plus
large que ses dix-huit sœurs qu'elle sépare en
nombre égal, était couverte, dans toute son étendue, des plus riches tapis de Perse, dont les brillantes couleurs, imitant celles d'une verte prairie, faisaient ressortir tout l'éclat des fleurs odo-
rantes dont ils étaient jonchés, tandis que de
longues guirlandes, tressées entre les maisons, formaient sur ce parterre un berceau parfumé. Cette
rue était vide ; un double rang de cavaliers de
la garde africaine retenait de chaque côté les
flots du peuple. Mais, à travers les jalousies des
vastes balcons symétriquement avancés sur la
rue, on voyait scintiller de riches vêtemens de
femmes, et du haut des *azoteas* (1), au milieu des
orangers touffus de ces nouveaux jardins de Ba-
bylone, près des fontaines jaillissantes qui les
arrosent, une autre foule, suspendue dans les
airs, semblait regarder, comme de la surface d'un
autre sol, un spectacle souterrain.

Après quelques momens d'attente, le bruit

(1) *Al-Sothehh*, terrasses.

lointain des *chirimias* aiguës, des sonores *añafils*, des sourds *atabals* et du *thantana* retentissant (1), annonça l'arrivée de ceux qu'attendaient tous ces regards fixés. Un corps de *Kaschefs* (2), seule troupe qui partageât avec la garde africaine du Khalyfe le privilége de rester constamment sous les armes, ouvrait la marche et précédait le cortége. Leurs chevaux blancs, leurs courtes lances, leurs vestes militaires, couvertes, non d'une cotte de maille, mais de broderies en soie, témoignent qu'ils remplissent un office de paix plutôt qu'un service de guerre. Après eux venaient les magistrats municipaux dont ils reçoivent les ordres pour la répression des délits et le maintien du repos public. Parmi ces derniers, on distinguait, aux insignes de leurs professions, les chefs de corporations des divers métiers, les *Alguazils* (3) commandés par le *Mothésib* (4), les *Siccas* (5), les

(1) Clairons, trompettes, timbales et tam-tam.

(2) *Découvreurs*, cavaliers de maréchaussée.

(3) *Al-Ouazyl*, officiers de police urbaine.

(4) Édile, préfet de police.

(5) Inspecteurs des monnaies.

Wakyls (1), les collecteurs du *Zégah* (2), les percepteurs du *Scharadj* et du *Taadyl* (3), les inspecteurs des bazars, chargés de pourvoir aux approvisionnemens de la ville, et de surveiller les transactions commerciales. A leur suite venait, gardant un ordre aussi parfait que des hommes de pied, un nombreux détachement de cavaliers de la garde africaine. Depuis Abdérame, le fondateur du trône de Cordoue, qui aborda en Espagne, ayant pour toute armée une centaine de Berbères, c'est aux guerriers de cette nation qu'est confiée la garde du Khalyfe. Ils sont tous montés sur des chevaux noirs; leurs morions d'acier sont cachés sous les plis d'un large turban blanc; la cuirasse courte et polie qui couvre leurs poitrines, étincelle de mille feux aux rayons du soleil, et leurs mains sont chargées de larges cimeterres à poignées d'or. Au milieu de leurs rangs, marchait la foule immense des officiers du palais, ayant à leur tête l'inspecteur des demandes en répara

(1) Majordomes des hôpitaux.

(2) Dîme en nature.

(3) Droits de douanes et de capitation.

tions de griefs, suivi du *grand* et du *petit teneur de l'encrier*, et le *secrétaire de la main auguste*, assisté des *scribes de l'écriture fine et de la grosse écriture*. Enfin l'étendard de l'empire, se déployant avec majesté dans les airs, annonça l'approche du Khalyfe. Cet étendard est une longue bannière de soie verte (1), au centre de laquelle brille, sur un écusson d'argent, une clé d'azur, symbole qu'adoptèrent les compagnons de Thâriq, lorsqu'en abordant à l'antique Calpé, leur épée ouvrit à la loi les portes de l'Occident.

Hescham II venait de *Médynat-al-Zorah* (2), de la ville de palais, toute bâtie de marbre et de

(1) Je n'ai pu découvrir quelle était précisément la couleur du drapeau des Khalyfes de Cordoue; mais tout porte à croire qu'il était vert; car cette couleur distinctive des sectateurs d'Aly avait été celle de Mahomet et de ses successeurs en Orient, jusqu'à la chute des Ommyades, lesquels l'adoptèrent sans doute en Espagne. Le drapeau des Abbassydes fut noir, celui des Fathémites, blanc, et celui des rois de Grenade, jaune-paille. Sur ce dernier était brodée une grenade à moitié ouverte, dont les grains étaient en rubis, et qu'entourait cette légende : *Je suis née avec la couronne.*

(2) Ville de Zorah (*fleur*), bâtie par Abdérame III pour sa maîtresse.

bois de cèdre, de la ville aux toits dorés, où les colonnes de jaspe, d'albâtre et de porphyre sont aussi nombreuses que les arbres de tous les climats qui croissent mêlés dans ses jardins. Il était porté sur un palanquin de forme indienne que traînaient douze chevaux blancs conduits par autant d'esclaves noirs vêtus de longues tuniques blanches, et qui marchaient à leurs côtés. Les rubis, les émeraudes, les pierreries de mille couleurs brillaient sur les harnais des chevaux, et sur les ais du char qu'une espèce de dôme formé de plumes d'autruche et de paon défendait contre les feux du soleil. Sous ce dôme, Hescham était à demi-couché, et les yeux de la multitude cherchaient avidemment à découvrir ce prince qui, depuis vingt ans de règne, ne s'était montré à ses regards que dans les grandes solennités religieuses.

Une écharpe de soie verte, roulée sur le front, et attachée sous le menton par les deux extrémités, enveloppait sa tête et son cou. Depuis ses épaules jusqu'à ses pieds, que chaussaient des bottines rouges, il était couvert d'une ample robe,

mi-partie de toile d'or et de soie verte, sur laquelle tranchait un long baudrier de velours
pourpre orné de boutons d'or, qui soutenait,
dans un fourreau semblable, une épée droite à
deux tranchans. Cette robe était entourée de
broderies, où, par l'entrelacement des fils du
tissu, le nom du Khalyfe se trouvait mille fois
répété; c'est un des trois priviléges du pouvoir
impérial (1). Hescham ne comptait pas au-delà
de trente-deux années; ses traits étaient nobles
et réguliers; sa physionomie douce, intéressante.
Mais une taille efféminée, des yeux languissans,
un visage pâle que les reflets du turban impérial
aidaient encore à décolorer, montraient un
homme énervé dans les langueurs du sérail, et
qu'une longue enfance devait conduire à une
vieillesse anticipée. La foule, à son passage, s'in-
clinait humblement, et courbait la tête jusque
sur la poussière; mais ses respects, tout reli-

(1) Ce privilége se nommait *tiraz*. Il y avait un intendant du *tiraz*, chargé de la fabrication des robes du Khalyfe. Les deux autres
priviléges de la souveraineté étaient la monnaie et la prière de la
Khotbah.

gieux, s'adressaient moins au prince, chef de l'empire, qu'au successeur du prophète, au premier des imams, au pontife de la foi. On vénérait moins la personne d'Hescham que le fils du sage et bienfaisant Alhakem II, le petit-fils du magnanime Abdérame III, l'héritier de cette glorieuse famille des Ommyades, qu'une longue suite de bons princes avait rendue chère à la nation.

A voir la cour qui entourait immédiatement le Khalyfe, on aurait dit d'un jeune enfant qu'on n'a point encore enlevé aux mains des femmes. A son côté, et dans le palanquin dont les mouvemens souples et cadencés le berçaient mollement, se tenait sa mère, la sultane Ssobyhha (1), dont l'âge déjà mûr n'avait point flétri tous les charmes, ni altéré la fierté. Son front était chargé d'un diadême éclatant ; seule, entre toutes les femmes, elle avait le visage découvert, et ses regards se promenaient avec assurance sur la foule prosternée. Autour d'elle, étaient portées,

____

(1) *Aurore.*

sur d'élégantes litières, toutes les femmes dont
elle avait formé la cour de son fils. La multitude répétait le nom des principaux membres de
ce divan d'un prince efféminé. C'étaient Lobnah,
autrefois secrétaire intime de son père le docte
Alhakem ; Maryem, qui avait professé dans les
chaires publiques de Séville la rhétorique et la
poésie ; la jeune Kadidjah, qui composait les
vers et la musique de ses chansons ; Ayschah,
sans rivale pour l'étendue de la science, et Rhé-
diah, si célèbre par la grâce de l'esprit, qu'on l'appelait *l'heureuse étoile*, quand elle paraissait.
Toutes portaient un long voile de soie blanche qui, posé sur le front, et tombant sur les
épaules, enveloppait de ses plis le corps entier,
et venait, en se croisant devant la poitrine, couvrir le visage jusqu'aux yeux. Quelques hommes, en petit nombre, se trouvaient mêlés à ce
cortége féminin. L'un était l'oncle du Khalyfe, le
vieil Abd-al-Azyz (1), qui remplissait l'emploi
jugé le plus honorable de l'empire, celui de

(1) *Serviteur du Fort.*

gardien de la bibliothèque impériale du palais Merouân ; les autres étaient les deux médecins du Khalyfe, le juif Samuel de Rotalyéhud, et Mohhammed-al-Razy, du Khorasan, illustre par la science et par la charité, que les pauvres bénissent et que les savans glorifient, qui enseigne avec éclat la botanique, la chimie, l'anatomie, et qu'on *montre au doigt* comme la merveille de son temps.

Le Khalyfe et son bizarre entourage n'étaient point encore passés, la foule avait à peine relevé ses mille têtes inclinées en silence, que déjà des cris d'enthousiasme saluaient d'un immense et glorieux concert la venue du véritable chef de l'empire. « Gloire au fils d'Amer! gloire à l'*invincible* (1)! qu'il vive de longues années ! » Toutes les bouches voulaient bénir, tous les regards voulaient atteindre Al-Mansoûr. Le *Hagib* (2) venait à cheval et en habit de guerre. Sur les plis du turban rouge qui ceignait son front, et

(1) *Al-Mansoûr,* dont les Espagnols ont fait Almanzor.

(2) *Hhadjeb, chambellan,* titre du premier ministre des Khalyfes de Cordoue.

qu'ornait un croissant de pierres de Golconde,
s'élevait un cimier d'or surmonté d'une espèce
de fer d'épieu, court et carré. Sa veste était faite,
comme le turban, d'une étoffe tissue avec les
toisons des chevreaux de Kachemyre, et teinte
avec la pourpre syrienne. Une fine cotte de maille la couvrait sans la cacher, et ses anneaux d'a-
cier poli, tressés et flexibles comme les fils d'une
toile de soie, cuirassaient, sans les étreindre,
la poitrine et les épaules ; le reste du corps
était défendu par les hauts montans de la selle.
Un long poignard, un léger cimeterre fourbis
aux forges de Damas étaient suspendus à l'é-
charpe blanche qui pressait trois fois ses reins.
Les longs étriers, où ses pieds étaient enfermés
jusqu'au-dessus des chevilles, lui servaient à diriger un étalon du Hedjaz, dont la crinière flot-
tante, les yeux ardens, les jambes sèches et bon-
dissantes annonçaient l'indomptable énergie d'un
fils du désert, et que couvrait, au lieu de la housse
de soie, une longue peau de tigre agrafée sur le
poitrail par ses griffes d'or. Un *Silahdar* (1) por-

(1) Écuyer.

tait sa lance et son *adarga* (1) richement ciselée.
L'attitude d'Al-Mansoûr est calme, grave, ma-
jestueuse. Ses beaux et nobles traits, brunis par
le soleil d'Andalousie, amaigris par les veilles,
attestent les travaux du ministre ainsi que les fatigues du général, et des filets d'argent commencent à sillonner sa longue barbe noire. Mais, dans
le doux regard de son œil bleu, dans le sourire
de bienveillance qui anime cette bouche habituée
au commandement, se lit l'heureuse union du
génie et de la bonté.

A sa droite marchait Abd-al-Malek (2), l'aîné
et le bien-aimé de ses fils ; Abd-al-Malek, vivante
image de son père, mais tout brillant des grâces
de la jeunesse, et qui le représentait à l'âge encore si tendre, où la sultane régente lui remit, avec
le sceau du Khalyfe, les destinées de l'empire. A sa
gauche était le Berbère Solyman, *Sahyb Scharta*,
ou chef de la garde africaine, que son teint cui-
vré, ses traits courts, ses lèvres épaisses entou-

(1) *Al Darquah*, bouclier rond.
(2) *Serviteur du Prince.*

rées d'une barbe laineuse, faisaient reconnaître,
au milieu des blanches et nobles figures des enfans du Yémen, pour un des fils subjugués, mais
non soumis, de l'Atlas. Ils étaient immédiatement
suivis par l'Emyr de la mer (1), par les six *Walis* (2) des grandes provinces de l'empire, Tolède,
Mérida, Sarragosse, Valence, Grenade et Murcie,
par leurs vingt-quatre *Wazirs* (3), et par les
Kayds (4) de quelques places fortes, tous en cos-
tume de guerre, tous portant les insignes de leur
dignité. Puis venaient, vêtus de longues robes
traînantes à la manière de l'Orient, les vieillards
composant l'*al-Dyônan* ou *Meschouar* (5) ; puis,
les membres des diverses académies, auxquels
étaient mêlés un grand nombre de savans étrangers venus de la Syrie et de l'Égypte ; enfin,
les nombreux fonctionnaires de l'ordre civil,
dépendant, comme les chefs de l'armée, du mi-

(1) *Amyr-al-Bahhr*, amiral.

(2) Gouverneurs.

(3) Lieutenans de district.

(4) Commandans.

(5) Divan ou Conseil.

nistre unique. Plusieurs escadrons de cavalerie, précédés de leurs troupes de musiciens qui mêlaient incessamment aux acclamations de la multitude le bruit des instrumens guerriers, terminaient cette longue procession, dans les rangs de laquelle on avait compté toutes les autorités et toutes les gloires de l'empire.

Le Khalyfe, le Hagib et leur suite s'arrêtèrent devant la façade de la Mosquée, sur la vaste place de la *Mosallah*, où le peuple s'assemble pour prier aux fêtes du Beïram (1). Alors les portes lamées de bronze, tournant sur leurs énormes gonds, découvrirent le vaste péristile du temple, où se tenaient, rangés en deux longues files, ses nombreux desservans. D'un côté, le collège des *Imams*, des prêtres qui enseignent aux fidèles les préceptes du livre, qui entretiennent

(1) C'était aussi sur cette place que se faisait la *Fête des Sacrifices*, l'une des quatre Pâques en usage chez les Arabes d'Espagne. Le Khalyfe frappait lui-même les victimes avec une lance que tenait le grand Khady. On distribuait en présens les corps des chameaux, des buffles, des bœufs et des moutons qui périssaient dans ces fêtes, où l'on a compté quelquefois jusqu'à quinze cents victimes.

l'orthodoxie de la foi, qui accomplissent les cérémonies prescrites pour le culte ; de l'autre, le collége des *Khadys*, dont l'office, également clérical, est de faire descendre la loi unique aux intérêts profanes, aux choses de ce monde, soit en l'interprétant, comme loi civile, entre les plaideurs, soit en l'appliquant, comme loi criminelle, aux coupables. Les premiers avaient à leur tête le *Khatyb* (1), le chef de la *Madrézah* (2) et le *Daï des daïs* (3); les autres étaient précédés du *Khady* des *Khadys* (4) et de ses quatre assesseurs, qui forment le tribunal supérieur de l'empire, et dont la fonction redoutable est de juger les juges.

Le Khalyfe descendit de son palanquin, les femmes de leurs litières; Al-Mansoûr et ses officiers quittèrent leurs chevaux, et toute la cour, gardant le plus grand ordre et le plus grand si-

(1) Prédicateur principal.
(2) École gratuite.
(3) Chef des missionnaires.
(4) *Kadhy al-Kodhah.*

lence, entra dans le parvis. Là, sont les portes
qui conduisent aux tribunaux, aux écoles, aux
habitations des prêtres, et à la haute tour où se
font les observations astronomiques. Une vaste
cour conduit de ce portique à la Mosquée; elle
s'étend sur une citerne de même étendue, dont
la sépare une couche de terre végétale pressée
entre les dalles supérieures et les voûtes souterraines. Cette cour est pavée d'une mosaïque de
marbre, qui se reproduit en dessins uniformes,
et du centre de chaque rosace s'élèvent, à des
intervalles réguliers, les hautes tiges d'orangers
séculaires qui répandent au loin le parfum des
fleurs et des fruits dont ils sont à la fois chargés.
Sous leur feuillage épais et brillant, qui cache les
rayons du soleil, mais laisse pénétrer en s'agi-
tant les fraîches haleines de la brise, jaillissent
dans des bassins de marbre une infinité de jets
d'eau vive, où les fidèles, avant de pénétrer dans
le sanctuaire, se purifient par les ablutions que
la loi prescrit.

Entourés d'une foule d'*Imams* qui, les bras
croisés sur la poitrine, et la tête inclinée, sem-

blaient, dans leur complète immobilité, deux rangées de statues de marbre blanc, Heschain et sa suite s'arrêtèrent quelques instans aux fontaines de purification, pour se laver le visage, les mains, et les bras jusqu'au coude. Ces fontaines sont l'image des deux sources purificatoires qui coulent devant la porte du paradis, pour que les élus, avant d'entrer dans la demeure des bienheureux, y éteignent les jalousies, les haines et toutes les passions qui troublent les hommes. L'ablution faite, le Khalyfe fut introduit dans la Mosquée.

Ce monument eut pour architecte l'homme qui éleva l'édifice même de l'empire arabe en Espagne, ce proscrit miraculeusement échappé au massacre de sa famille entière, qui vint relever en Europe la vieille tige des Ommyades abattue dans l'Asie sous la hache des Abbassydes, et qui fonda, par un schisme, le Khalyfat de Cordoue, rival de celui d'Orient. Abdérame Ier (1) traça lui-même le plan de

(1) Abd-al-Rhhaman, *serviteur du Miséricordieux.*

son Aljama , et consacrait une heure de chaque journée à diriger le travail de sa construction. Il n'en jeta les fondemens qu'après les longues années de guerre et de triomphes sanglans que lui coûtèrent la résistance ,de ses rivaux en Espagne et les attaques de ses ennemis d'Asie. Abdérame termina son œuvre de roi, mais non son œuvre d'architecte; il laissa un empire fortement constitué par la victoire et par la clémence; mais il ferma les yeux, sans avoir entendu retentir sous les voûtes de son temple la prière de consécration. Hescham Ier acheva pieusement l'ouvrage de son père.

Si quelque initié d'une secte ascétique, fuyant les embûches des quatre tentateurs ennemis de l'âme (1), parcourt neuf fois l'enceinte consacrée, entre la seconde et la troisième prière, il comptera cent vingt brasses dans la longueur de l'édifice, et soixante dans sa largeur; il s'arrêtera, en faisant une génuflexion, au centre des trente-huit nefs qu'il faut traverser pour se rendre des por-

(1) Ce sont *Yblis*, ou le Diable, *al Dounia*, ou le Monde, *al-Nefs*, ou l'Appétit, le Désir, et *al-Hewa*, ou l'Amour.

tes au sanctuaire, et des dix-neuf nefs qui s'étendent entre les murailles latérales. Si c'est un étranger couvert de l'*Irham* (1), qui vient accomplir dans l'Aljama les prières de neuf jours, il tournera lentement, en récitant chaque jour une *sourate* (2), autour de ses mille quatre-vingt-treize colonnes de marbre, toutes faites d'une seule pièce, toutes unies, sans base, hautes, légères, et semblables à des troncs de palmiers dont on aurait coupé la tige à la naissance des feuilles. Rangées symétriquement comme les arbres d'un jardin, elles portent la merveilleuse charpente de pin odorant, légère voûte des toits du temple, au-dessus desquels resplendit, à quarante brasses d'élévation, la grenade d'or qui couronne un dôme unique (3). Quatre mille six cents lampes d'argent, suspendues à des chaînettes de même métal, descendent des voûtes pour éclairer les prières de nuit; et dans un nombre égal de riches cassolettes, fument incessamment l'encens, l'aloës

(1) Manteau de pélerin.

(2) Chapitre du Coran.

(3) On appelait la mosquée de Cordoue *Al-Kobbat*, le dôme.

et l'ambre. Sous la coupole que forme le dôme de la Mosquée, on aperçoit, au milieu de ces innombrables fanaux qui éclairent et parfument l'édifice, deux énormes vases de bronze, pendus à des chaînes de fer, à peine ébauchés, et dont la forme étrange et massive ne les distingue pas moins que le métal qui les compose, des lampes élégantes par lesquelles chaque nef est uniformément éclairée. La lumière qu'ils répandent, au lieu de s'échapper par de petites ouvertures circulaires, sort d'une large gueule béante, et sur les flancs de la lourde machine, se distinguent, d'un côté, une croix, symbole de la religion de Jésus, de l'autre, un lézard grossièrement ciselé (1). Ce sont des trophées de guerre qu'Al-Mansoûr a consacrés au dieu des batailles dans la principale *Aljama* de l'empire; ce sont les cloches de la métropole chrétienne qu'il a conquises l'année précédente, lorsqu'après avoir pénétré victorieusement jusqu'à l'extrémité de la Galice, il emporta d'assaut la ville sainte de Compostelle, que les

---

(1) *Cruz y Lagarto*, armes de saint Jacques.

Espagnols, en la vouant à leur patron saint Jacques, croyaient mettre à jamais hors de l'atteinte
des infidèles. Enfin, sur toutes les parois intérieures du temple, brillent, à des intervalles
égaux, des versets du Coran qui se déroulent en
longues et capricieuses arabesques, et dont les
lettres d'or, incrustées dans le marbre blanc des
murailles, sont revêtues d'une fine mosaïque de
cristal qui fait étinceler les saintes paroles, comme
autant de rayons lumineux qu'aurait tracés le
doigt des anges. Ce sont les seuls ornemens du
temple. Aucune figure, aucun symbole, aucune
représentation d'objets du ciel ou de la terre ne
s'y fait apercevoir. Dans cette absence de toute
image, dans cette nudité, dans ce vide, respirent
l'horreur de toute idolâtrie et la pure croyance
en l'unité de Dieu (1).

Lorsque le Khalyfe, ayant à ses côtés sa mère

(1) Dans quelques mosquées, surtout en Afrique, il y avait des
talismans pour éloigner les rats, les serpens et les scorpions ; mais
ces talismans, auxquels on donnait d'ordinaire la figure des animaux
qu'ils étaient destinés à mettre en fuite, n'étaient point exposés aux
regards.

et son *Hagib*, se fut assis dans la *Maksoura*, tribune élevée entre quatre colonnes de la nef centrale, et que toutes les personnes qui formaient son cortége eurent pris place sur des carreaux de velours, on ouvrit les portes au peuple. Aussitôt une foule immense, mais calme, recueillie, silencieuse, inonda les vastes pourtours de l'édifice. Selon la loi, les hommes mariés ou veufs occupaient les premières places, accroupis sur des nattes de jonc; les jeunes gens restaient debout derrière eux, tandis que les matrones et les vierges, retirées, aux deux côtés de l'édifice, dans des espèces de cloîtres où les conduisent des portes particulières, étaient protégées par d'épaisses grilles contre le regard des hommes. Dans cette multitude, on ne comptait que des enfans d'Ismaël, que des élus qui ont ouvert leur entendement et leur croyance aux paroles du prophète d'Allah. Le pied d'un infidèle ne peut fouler le pavé du temple. Les juifs nombreux, et les chrétiens plus nombreux encore, qui vivent en paix sous le sceptre du Khalyfe, avec leurs lois, leurs juges et leurs prêtres, sont bien admis

dans les rangs de l'armée, et dans un grand nombre d'emplois civils, mais non dans l'enceinte
sacrée; l'Arabe hospitalier reçoit bien l'étranger
que sa loi condamne dans le sanctuaire du foyer
domestique, mais non dans celui de la sainte assemblée. Nulle exception à la règle n'est permise,
nulle infraction ne reste impunie. Aucun juif,
même le médecin du prince, aucun mozarabe,
même l'écuyer du Hagib, ne pourrait franchir
le seuil du parvis, sans payer de sa tête la pro-
fanation de la demeure des purifiés.

Dès qu'un religieux silence, succédant au bruit
confus de la foule qui pénètre, s'étend et se range dans les nefs, eut annoncé que le temple était
rempli, le *Khatyb* monta dans le *minbar* (1), et
croisant ses bras sur la poitrine, après une longue génuflexion, il prononça d'une voix forte la
formule, signal des prières : « Au nom d'Allah
clément et miséricordieux (2). » A ces mots, qui
furent apportés les premiers par l'ange Gabriel

(1) La chaire, tribune ouverte aux quatre faces.

(2) *B'esm Ellah al-rahhmán al-rahhym.* Cette formule est le signe
de croix des musulmans.

au prophète, et dont le pouvoir est si grand, que, lorsqu'ils descendirent du ciel, « les nuages furent chassés vers l'orient, les vents s'apaisèrent, la mer fut émue, les animaux dressèrent les oreilles, et les démons furent précipités des sphères célestes; » à ces mots, tout le monde se prosterna. Alors le Khatyb commença d'une voix lente et solennelle à réciter la *Khotbah* (1), qu'à la même heure, au même instant, trois cent mille imams répétaient dans trois cent mille mosquées devant les fidèles assemblés :

« Louanges au Très-Haut qui seul peut repousser loin de nous le malheur, et nous mettre à l'abri des trahisons; qui seul peut entendre les brûlans désirs de ses fervens adorateurs dans les deux habitations; qui est le seul but du culte des hommes dans les deux mondes. Tous les mortels sont faibles, lui seul est fort ; tous les mortels sont pauvres, lui seul est riche. Lui seul accorde la conservation et le secours ; il pardonne aux fautes; il reçoit le repentir; il punit avec sévérité, mais il est doux et patient. — Il n'y a de Dieu

(1) Prône, office.

que lui; y a-t-il un autre créateur que le Très-
haut? — Il accorde à votre esprit la nourriture
spirituelle, à votre corps, la temporelle. Il n'y a
de Dieu que Dieu. Oui, par celui qui écoute et
qui voit, il n'y a de Dieu que Dieu ; par celui qui
connaît le manifeste et le caché, il n'y a de Dieu
que Dieu. — *Mouza* (Moïse), lorsque Dieu lui
parla sur le mont Sinaï, prononça ces mots : «Il
n'y a de Dieu que Dieu. » *Younous* (Jonas), dans
le ventre de la baleine, lorsque le Très-Haut lui
fit entendre sa voix, s'écria : « Il n'y a de Dieu
que Dieu.» — *Youzef* (Joseph), au fond du puits,
lorsque Dieu le consola, dit aussi : « Il n'y a de
Dieu que Dieu. » — *Ibrahym* (Abraham), dans
la fournaise ardente, lorsque Dieu lui apparut,
proclama cette vérité : «Il n'y a de Dieu que
Dieu.» — Oui, nous confessons qu'il n'y a de Dieu
que Dieu seul, qu'il n'a point d'associés; il est le
vivant, il n'y a de Dieu que lui. — Nous confessons que notre seigneur et maître *Mohhammed*
est son serviteur et son prophète. — O Dieu, sois-
lui propice, ainsi qu'à sa famille et à ses compagnons, bénis-le et accorde-lui la paix. »

« Sachez que le monde est périssable, et que ses plaisirs sont passagers. Nous y passons nos jours dans l'esclavage pour avoir du pain, et la mort vient bientôt les terminer. — O mes frères, nous avons un corps faible, un léger viatique, une mer profonde à traverser, et un feu dévorant à craindre. Le pont Syrath est bien étroit, la balance bien juste, le jour de la résurrection n'est pas éloigné. — Le juge de ce grand jour sera un seigneur glorieux. En ce moment terrible, *Adem* (Adam), le pur en Dieu, dira : « O mon âme, ô mon âme ! » *Noah* (Noë), le prophète de Dieu, *Ibrahym*, l'ami de Dieu, *Ismaël*, le sacrifié à Dieu, *Youzef*, le véridique en Dieu, *Mouza*, l'allocuteur de Dieu, *Issa* (Jésus), l'esprit de Dieu, prononceront la même parole. Mais notre prophète, notre intercesseur, s'écriera : « O mon peuple, ô mon peuple! » et le Très-Haut (que sa gloire éclate à tous les yeux, que ses bienfaits s'étendent à tous les hommes!) fera entendre ces mots consolans : « O mes serviteurs, ô mes serviteurs ! »

Les oraisons diverses qui composent l'office

du jour saint, et que termine la prière pour le
Khalyfe régnant, principal attribut de son autorité, furent suivies d'un profond et long silence.
Hescham quitta son trône, s'approcha d'une
vaste fontaine placée à l'une des extrémités du
temple, y renouvela ses ablutions, et pénétra, en
s'agenouillant, sous une espèce de petite cellule
pratiquée dans la muraille du côté de l'Orient,
basse, étroite, obscure, entièrement nue, et dont
la voûte est faite d'un vaste coquillage. On l'appelle le *Mirhab* ; elle indique la position de la
sainte *Kaabah* (1) vers laquelle tout musulman
doit tourner la face en récitant les cinq prières
de la journée. C'est là le lieu du recueillement et
de la grâce ; c'est là le sanctuaire, le saint des
saints. Les inspirés y obtiennent la faveur des
extases mystiques, et le pavé de marbre est pro-
fondément creusé par les genoux des croyans qui
s'y succèdent sans interruption. Le Khalyfe n'y
resta qu'un moment ; Al-Mansoûr et les principaux chefs l'y remplacèrent dans l'ordre de leur
autorité. Chacun ensuite reprit sa place, le silen-

______

(1) Temple d'Abraham à la Mecque.

ce régna de nouveau, et le Khatyb, remontant dans sa chaire, commença de la sorte :

« Au nom d'Allah clément et miséricordieux! — O croyans, bénissez le seigneur qui répand sur vous ses bienfaits. Chaque année, au lever de cette lune sainte qui vit descendre du ciel les premiers commandemens qu'envoya le Tout-Puissant à ses élus par la voix de son ange et de son prophète, lorsque nous assemblons dans nos mosquées les enfans de vos tribus, afin de leur rappeler l'accomplissement des cinq préceptes que les anciens docteurs ont nommés les colonnes de l'Islam, la foi, la prière, l'aumône, le jeûne et le pélerinage, chaque année, nous glorifions Allah pour des grâces nouvelles. — Fils d'Alhakem, fils d'Abdérame, fils d'Oméyah, toi que le seigneur, qui tient dans sa main les royaumes, a fait le successeur de son prophète (1), le gardien de sa loi (2), le chef de ses fidèles (3), vois quelle splendeur environne ton trône : n'est-

(1) *Khalyfe.*
(2) *Al-Nasser-le-dyn-Ellah.*
(3) *Amyr-al-Mouménin.*

il pas le premier des trônes de la terre, et pour en nommer un plus élevé, plus éclatant, ne faudrait-il pas remonter jusqu'à celui qui repose sur le cou des chérubins dans le septième ciel, et qu'ombragent les soixante-dix mille branches de l'immortel Cédrat, jusqu'à l'*Arsch*, au trône de lumière que l'œil de l'homme ne peut envisager, et dont le soleil n'est que l'ombre. Vois : la rosée des cieux descend sur la terre pour nourrir les innombrables créatures que Dieu a mises sous ta main et qui te nomment chaque jour dans leurs prières. Tandis que l'épée de nos cavaliers repousse l'infidèle qui venait chaque printemps porter dans nos campagnes les ravages de ses cruelles *algarades* (1), l'ordre et l'abondance entretiennent la paix dans ton empire. Ces guerres impies qui désolaient les jours de nos pères ont disparu d'entre nous. *Al-Djouf, Al-Qeblah, Al-Scharqyah, al-Gharb* (2), ne font plus qu'une seule région ; toutes nos tribus ne font plus qu'une seule famille. Bénissons le seigneur qui envoie la paix et la

(1) *Al-Garah*, irruption soudaine.
(2) Le Nord, le Midi, le Levant et le Couchant.

guerre, la gloire et l'infamie.—O fils d'Omeyah, voilà que le ciel a donné une nouvelle colonne à ton trône ; voilà qu'un nouvel astre se lève pour lui prêter sa lumière. Du haut des monts Daren étaient descendues des hordes sauvages qui mêlent d'anciennes idolâtries à notre sainte croyance; ils avaient chassé les fils d'Edrys de leurs villes fortifiées, et le *Mahgreb* (1) allait devenir la proie de ces insensés. Abd-al-Malek a marché contre eux, et ils se sont dispersés à son approche, comme la poussière chassée par le vent qui précède l'orage. Il n'a point violé la coutume fondée par l'oncle du prophète, Aly, le saint en Dieu, pour régler la guerre entre musulmans ; il n'a pas poursuivi l'ennemi au-delà d'un canton, il ne l'a point tué hors du champ de bataille , il n'a point bloqué ses places plus d'une demi-lune. Cependant la victoire a couronné la cause juste et sainte. Devant le jeune lion, les tigres vaincus se sont enfuis jusqu'en leurs repaires, et ce qu'avait commencé la force, la justice et la miséri-

(1) La Mauritanie, l'Afrique.

corde l'ont achevé. Fez est délivrée, les Berbères soumis, le Mahgreb pacifié ; le trésor impérial reçoit de nouveau les tributs de l'Afrique, et
ton nom, ô Khalyfe, se redit dans ses chaires.
Béni soit le bras qui châtie les rebelles, béni soit
Abd-al-Malek ! — Et toi, qui lui donnas le jour,
puissant Hagib, noble descendant d'Amer le
compagnon du prophète, ô Mohhammed, toi
que, dans leur ardente reconnaissance, les mille
tribus de l'Islam ont salué du nom d'*invincible*,
quelle voix humaine peut dignement célébrer ta
gloire ? il faudrait emprunter à l'ange des cantiques l'une des soixante-dix mille langues qu'il emploie incessamment dans chacune de ses soixante-dix mille bouches à chanter les louanges du
Très-Haut. Ton bras châtie l'infidèle, ta voix
gouverne l'empire, ton esprit dirige la science;
tu es l'épée de la foi, le bouclier de l'État, la lumière des initiés ; les ennemis d'Allah fuient devant ton regard, les rebelles tremblent sous ta
main, nos guerriers te glorifient, nos sages t'ad-
mirent, et le peuple te bénit. Achève, Al-Mansoûr, achève l'œuvre sainte et glorieuse que pour

suit ton zèle infatigable. Le livre dit : « Tu ne laisseras point de trève aux infidèles. » Accomplis le précepte du livre; qu'il n'y ait plus, entre eux et toi, d'autre ambassadeur que le choc des armes, le hennissement des chevaux, le bruit des timbales et des clairons. Aux voûtes de ce temple où l'on adore Allah, le dieu unique, le dieu qui n'est ni père ni fils, et qui n'a point de compagnon, ton bras a déjà suspendu les dépouilles du temple impie, peuplé d'idoles, où le corps d'un triple dieu est servi, comme une chair immonde, aux estomacs mortels. Il est temps de purger la terre de ces iniquités. Prends ton épée, agite ton drapeau. Les fils d'Ismaël se lèveront à ta parole, et les anges, comme au combat de Bedr, marcheront devant toi. Va, chasse de leur dernier asile les pervers enfans de *Belaÿ-al-Rhoumy* (1); franchis les monts; pénètre, comme nos pères, dans le pays d'*Afranc* (2); porte le glaive et la loi partout où

(1) Pélage l'étranger.
(2) La France.

le soleil porte ses rayons. O croyans, qui de vous ne s'empressera d'accourir, comme les guerriers d'Abou-Beckr, à la voix de ce nouvel Yézyd? Vous le savez, l'épée est la clé du ciel et de l'enfer; la guerre contre les infidèles sanctifie autant que le pélerinage au saint temple Haram, autant que les sept promenades autour de la sainte Kaabah de la Mecque, autant que la prière entre les saintes collines Safah et Mervah. O mes frères, que la crainte de la mort, que le regret de la vie, ne glacent point votre courage. Quand Djafar mourut aux côtés du prophète, ses amis le pleuraient, et le prophète dit : « Ne pleurez plus sur Djafar, ô Musulmans, son sort est digne d'envie. Dieu lui a donné deux ailes, et il parcourt l'immensité des cieux. » Telles furent les paroles du prophète. D'ailleurs, le nombre de nos jours est fixé dès notre naissance; à l'heure précise, il faudra paraître devant le tribunal de Dieu, et là, les mérites seront comptés. Une goutte de sang versé pour la sainte cause vaut mieux que deux mois de jeûne et d'oraison. Ceux qui meurent dans le combat ont toutes leurs fautes pardonnées; au

jour du jugement, leurs blessures seront odoran-
tes comme le musc et resplendissantes comme
l'aurore. Ils passeront avec la vitesse de l'éclair
et sans tomber dans l'abîme, sur le pont Syrath,
plus fin que le cheveu, plus affilé que le rasoir ;
ils seront portés dans les jardins où coulent des
fleuves, dans les jardins qu'habitent les vierges
purifiées, au corps transparent, qui n'ont d'autre besoin que celui d'aimer, et dont les yeux,
ombragés de sourcils noirs, sont si beaux, que si
l'une d'elles laissait tomber un regard sur la terre
pendant la nuit la plus sombre, elle y jetterait
autant de lumière que le soleil à sa douzième
heure. O croyans, qui vous fiez aux promesses
d'en haut, méritez la gloire de la terre et la gloire
du ciel. Allez, rentrez dans vos demeures ; aigui-
sez vos lances, tendez vos arcs, appelez vos coursiers, et quand la trompette de guerre annoncera
aux infidèles que l'épée d'Ismaël est tournée contre eux, qu'aucun Musulman, de ceux qui prennent pieusement leur place parmi les fidèles de
la mosquée, ne laisse vide sa place parmi les guerriers du camp. C'est au nom d'Allah, c'est par

ordre d'Allah que je vous appelle aux armes.
Al-djihéd, *Al-djihéd* (1) ! »

Le Khatyb n'eut pas achevé ces mots, qu'au silence religieux qu'on avait jusque là gardé, succéda un immense tumulte. L'indolent Hescham se leva sur son trône, *l'alferez* (2) du Khalyfe agita l'étendard impérial, les chefs de l'armée étendirent leurs cimeterres, les voix de la foule enthousiasmée ébranlèrent les voûtes du temple, et le cri d'*al-djihéd*, que répétaient les *muezzins* du haut des minarets, volant comme un signal de mosquée en mosquée, retentit en un moment jusqu'aux extrémités de l'empire.

(1) La guerre sainte.
(2) Porte-enseigne.

LES JOUTES.

Au temps d'Al-Mansoûr, l'empire arabe d'Espagne avait atteint son plus haut point de splendeur. Vingt années de succès militaires, sans mélange d'aucune défaite, ayant de nouveau ouvert à ses armes les provinces du Nord, que Thariq et Mouza, lors de la première conquête, enlevèrent à la course de leurs chevaux, les Chrétiens, qui, pendant les longues dissensions de leurs vainqueurs, avaient pu sans cesse accroître leur territoire, se trouvaient encore une fois refoulés dans les montagnes de l'ancienne Cantabrie, berceau de leur indépendance. A la faveur de ces expéditions et de ces triomphes, les guerres civiles et les guerres de races dont l'Espagne arabe fut continuellement agitée sous les Emyrs, gouverneurs pour les Khalyfes d'Orient, et qui se prolongèrent long-temps après l'érection

du Khalyfat indépendant de Cordoue, étaient
suspendues, et semblaient étouffées. La paix la
plus profonde régnait dans l'intérieur de l'empire. Toutes les créations importantes, tous les
grands ouvrages de luxe ou d'utilité, dont les neuf
premiers Khalyfes Ommyades illustrèrent à l'envi
leur règne, subsistaient à la fois avec éclat. Les
hommes éminens par le talent et les lumières ac-
couraient de tous les pays de l'Islam à la cour de
Cordoue. Enfin les sciences et les arts, devenus
populaires, étaient la commune occupation d'un
peuple heureux, tranquille et puissant.

Un événement, rare à cette époque, la révolte
des Berbères d'Afrique, en soulevant de nouveau les races Occidentales (1) contre la domination toujours contestée des Orientaux (2), avait
causé d'assez vives alarmes. Par un succès rapide
et complet, le jeune Ald-al-Malek s'était illustré
aux yeux des Arabes, qui déjà voyaient en lui le
digne héritier d'Al-Mansoûr. A son retour, le

(1) *Magréhbyns.*

(2) *Scharqyyns.*

Khalyfe avait ajouté au nom d'*Al-Modhaffer*
(le victorieux) que lui avaient donné les soldats
de son armée, le titre de Wâli de Fez, et sa victoire, la première qu'il eût remportée, devait être
célébrée, avec la publication de la guerre sainte,
par des fêtes et des réjouissances générales. Al-
Mansoûr n'avait point attendu l'éclat des cérémonies auxquelles était conviée la nation, pour
mêler sa joie à la joie publique; il avait déjà rendu
ses grâces au ciel. Jalouse de la vraie gloire, sa
grande âme dédaignait une vaine ostentation.
Jamais, dans ses plus glorieux triomphes, il ne
permit que des trophées fussent portés devant
lui, ni qu'une foule de captifs suivissent les pas
de son cheval. Après le succès du bien-aimé de
ses fils, et quand la fierté semblait plus permise,
il conserva la même modestie. Des dons à tous
les hospices, à toutes les écoles, d'abondantes
aumônes répandues secrètement sur les pauvres
des trois religions, cent jeunes orphelines do-
tées, et deux mille esclaves chrétiens rendus à la
liberté, voilà par quels témoignages avait éclaté
son orgueil paternel.

Les jeux devaient commencer aussitôt après l'office du matin. Au sortir de l'*Aljama*, le Khalyfe et sa cour, suivis d'une multitude avide et toujours grossissante, se rendirent, par le large chemin de Médynat-al-Zohrah, au-delà des murs de la cité. Là, près des rives du Guadalquivir, au milieu de la plaine que fertilisent les innombrables veines qu'il y répand, s'élève un vaste cirque. Une épaisse muraille de marbre, soutenue, à d'égales distances, par de légers arcs-boutans, qui ressemblent aux anses d'un vase colossal, forme son enceinte, en dessinant un cercle allongé. Sur cette muraille circulaire s'appuie un amphithéâtre d'immenses gradins, que surmontent, dans la partie la plus resserrée du cirque, deux élégantes galeries couvertes. Au faîte aigu de la plus élevée de ces galeries, était planté l'étendard du Khalyfe, dont les plis éclatans se détachaient sur l'azur foncé du ciel. Heschâm, entouré de sa cour de femmes, y vint prendre place, avec son Hagib, son amiral, le commandant de sa garde, les Walis de ses provinces, et les principaux fonctionnaires de l'empire. Il occu-

pait seul une petite loge séparée, à peu près semblable à l'espèce de niche entourée de grillage,
où il se tient dans le portique d'audience, toutes
les veilles des jours saints, et sur laquelle est
écrit : « *Approche et parle, tu auras justice.* »

Au milieu des riches uniformes de tous ces
guerriers arabes, les regards se fixaient sur la
longue tunique de velours noir, et la toque de
même étoffe qui habillaient un vieillard étranger.
C'était l'ambassadeur qu'avait envoyé l'empereur
de Constantinople Jean Zimiscès, pour renou-
veler, entre la Grèce et l'Espagne musulmane,
des traités de commerce et d'alliance. Éloigné,
par la rigueur de la loi, des cérémonies religieuses du matin, on l'avait convié au spectacle des
jeux. Il avait à ses côtés, pour truchement et pour
compagnie, un évêque chrétien, qui ayant fait
précédemment partie d'une légation envoyée par
le Khalyfe à Constantinople, avait alors reçu de
l'ambassadeur grec les services d'hospitalité qu'il
lui rendait à son tour.

La seconde galerie, faisant face à celle du Khalyfe, était réservée aux vieillards du Divan, aux

membres des Académies, et aux magistrats de la
ville; mais dans l'une et dans l'autre, les premiers rangs étaient occupés par des dames qui
laissaient voir, en ouvrant leurs longs voiles,
d'élégantes parures de fête, et des visages délicats qu'ombrageaient de leurs boucles tressées des
cheveux légèrement teints avec la poudre de
troëne. Les places du vaste amphithéâtre étaient
dévolues aux familles les plus distinguées de Cordoue, grossies presque toutes par quelques hôtes
de province. On y voyait aussi des barons chrétiens de la Castille ou de Léon, qui s'étaient réfu-
giés à la cour du Khalyfe, à la suite de quelques
différends avec leurs souverains. Enfin, une foule
innombrable de Berbères, de Mozarabes et de
Juifs, pressée sur les ponts du fleuve et les hu-
nes des navires, sur les murailles et les terrasses
de la ville, sur les canaux de plomb qui appor-
tent l'eau fraîche des montagnes, et jusque sur
les collines les plus rapprochées de la *Sierra-Morena*, essayant de dérober aux tribus privilégiées
qui remplissaient l'amphithéâtre, quelques par-
celles du brillant spectacle qu'elles avaient sous

les yeux, encadrait cet immense et magnifique
tableau.

Les tournois des Arabes, nobles divertissemens
d'un peuple doux et civilisé, ne ressemblaient
point à ceux des chrétiens, qui les appropriè-
rent, en les imitant, à leurs mœurs encore sauvages ; ce n'était pas de véritables combats où se
rencontrassent tous les périls de la guerre, où
pussent se satisfaire la haine et la vengeance. Pour
y déployer la force, l'adresse, le courage, il ne
fallait pas attenter à la vie d'un rival, et le vainqueur pouvait s'enorgueillir sans remords de ses
innocens triomphes, car jamais le sang des
hommes ne coulait sur l'arène, versé par la main
des hommes.

Dès qu'au signal du Khalyfe, le bruit des instrumens guerriers eut commandé le silence à la
foule attentive, des hérauts d'armes appelèrent
les combattans, et deux troupes parurent à la fois
aux deux extrémités de la lice. Chacune d'elles
était formée de douze cavaliers. Les uns, appar-
tenant à la tribu d'Amer, montaient des jumens

blanches. Ils portaient pour livrée (1), par dessus la cotte de maille faite d'un léger tissu de fils d'acier, de courtes tuniques de velours rouge, semées d'étoiles d'or, et serrées autour des reins par des écharpes de soie bleu-ciel. Sur le cimier de leurs turbans s'agitaient des aigrettes de même couleur; le petit bouclier qui couvrait leur bras gauche était entouré d'un large ruban pareil à l'écharpe, et leurs coursiers portaient sur la crinière et sur la croupe des nœuds flottans de ruban semblable. Abd-al-Malek commandait cette élégante quadrille. L'autre avait pour chef Al-Mondhyr, son ami, son frère d'armes. Elle était composée de douze jeunes hommes de la tribu de Maknésah. Ceux-ci montaient des chevaux noirs; leurs tuniques étaient blanches; les ceintures, les rubans et le panache, d'un rouge éclatant. Les uns et les autres n'avaient pour armes que des lances de jonc, légères et flexibles, dépouillées de leur fer, au bout desquelles flot-

(1) Le mot *livrée* (*librea*), avant de descendre d'abord aux pages, puis aux laquais, a signifié les couleurs qui distinguaient les différentes quadrilles d'un carrousel.

taient de petites banderolles aux couleurs de leur livrée.

Quand le signal fut donné, les combattans des deux partis s'avancèrent au pas les uns au-devant des autres, se réunirent au milieu du cirque, et s'approchèrent ensemble de la galerie du Khalyfe, qu'ils saluèrent en baissant leurs lances, et en faisant agenouiller leurs chevaux. Ils reprirent ensuite leurs premières places. Un second signal se fit alors entendre, et les deux troupes, la lance en arrêt, s'élançant avec impétuosité, imitèrent, dans leur choc, tous les mouvemens d'une véritable mêlée. Cependant les coups de la plus brillante adresse se bornaient à enlever avec la lance, ou à défendre avec le bouclier, les panaches du casque et les rubans des chevaux. Leurs évolutions rapides avaient toute la promptitude d'une manœuvre et toute la régularité d'une danse. Lorsqu'une quadrille revenait à son poste, soit qu'elle eût feint de fuir devant l'autre, soit qu'elle eût traversé ses rangs, les cavaliers jetaient leurs lances en l'air devant eux, et, les devançant par la rapidité de la course, les rete-

naient au moment de la chute, pour les lancer
aussitôt et les retenir encore. Pendant ces jeux,
les chevaux, tantôt précipités comme une flèche
échappée de l'arc, tantôt brusquement arrêtés,
obéissaient aux ordres de la bride avec une telle
docilité, avec une si merveilleuse souplesse,
qu'on eût dit que la pensée du maître les animait
aussi. C'étaient, comme les anciens Centaures,
une tête et des mains d'homme portées sur une
vigoureuse croupe de cheval, et servies par ses
jambes agiles. Deux autres quadrilles, prises
dans les tribus de Mysam et de Kanénah, et portant des livrées différentes, après avoir pris la
place des premières, répétèrent leurs combats
simulés. Puis, les quatre quadrilles parurent ensemble, et se divisant, soit en deux parts, soit en
troupes inégales, tantôt imitaient une mêlée
acharnée et sanglante, tantôt montraient par quelles manœuvres on peut envelopper un ennemi
plus faible, ou échapper à un ennemi plus
nombreux.

Après ces jeux, l'arène resta vide. Quatre ou
cinq cavaliers y furent successivement introduits.

Ils avaient quitté les brillantes livrées des premiers exercices; leur bras gauche n'était plus couvert du bouclier, et leur main droite brandissait, au lieu d'une légère canne de jonc, une forte lance de bois de chêne durci au feu, portant un fer large, mais très court, enchâssé dans une housse épaisse. Telle était l'arme de défense, et non d'attaque, usitée dans les combats de taureaux, dans ces jeux périlleux qui n'étaient point alors abandonnés à des gladiateurs à gage, mais auxquels se faisaient gloire de paraître les chevaliers de la plus haute naissance. Les combattans se rangent tous sur un même côté du cirque, à quelque distance l'un de l'autre, et quand, au signe du Khalyfe, les timbales et les clairons se font entendre, on ouvre une des cages étroites où les taureaux, privés de jour, sont excités par des coups répétés d'aiguillon. Dès qu'il voit la lumière, l'animal furieux se précipite dans la lice. Frappant de sa queue ses larges flancs d'où s'échappent des mugissemens sourds, et creusant sous ses pieds le sable qu'il lance au loin, il regarde, il semble hésiter, puis s'élance; les cornes passes, sur la victime qu'il a choisie. L'adresse des combattans consiste à défendre leurs montures contre le choc du taureau, qu'ils percent et repoussent de leur lance. Mais les blessures peu profondes d'un dard qui traverse à peine son cuir épais ne font qu'irriter davantage le terrible assaillant. Plus il est frappé, plus sa fureur devient aveugle et redoutable. Souvent alors, ni l'adresse, ni la force ne peuvent préserver de ses coups ; il renverse, il foule aux pieds tout ennemi qu'il attaque, et semble goûter la joie de la vengeance, en plongeant ses cornes sanglantes dans les entrailles d'un cheval expirant.

Quand le taureau est arrivé à cet excès de rage, ou s'il paraît au contraire exténué par la perte de son sang qui ruisselle en mille filets sur ses flancs humides, alors on cesse le combat à cheval. La lice est aussitôt vidée. Un seul homme s'avance à pied, portant dans la main gauche un petit drapeau rouge, dans la droite, une courte épée à deux tranchans. Avec son drapeau, dont la couleur étincelante attire l'attention et la fureur de son adversaire, il essaie d'abord et cal-

cule ses mouvemens ; puis, il attend, immobile,
que le taureau fonde sur lui ; et, passant entre
les cornes son bras étendu, il présente le fer au
défaut de l'épaule. Par la violence du choc, l'é-
pée s'enfonce jusqu'à la garde, et l'animal étouffé
tombe mort aux pieds de son vainqueur.

Les Africains étaient renommés alors dans l'art
des courses de taureaux. Solyman n'avait point
de rival pour le combat à pied ; chacun de ses
coups était mortel, et son épée, soutenue par un
bras d'athlète, semblait, au lieu de percer l'ennemi, l'abattre comme une massue. Mais parmi
tous ceux qui montraient leur agilité en jouant
autour du taureau, soit pour le détourner d'un
chevalier abattu, soit pour augmenter sa fureur
en le perçant de petits dards à fer recourbé, qui
restaient suspendus aux plis de son cou, nul
n'approchait, pour l'adresse et la résolution, d'un
jeune Berbère de la garde du Khalyfe. Sans armes pour le frapper ou pour s'en défendre, il marchait droit au taureau ; quand celui-ci, s'élançant
à sa rencontre, était prêt à le percer de ses cornes baissées, il sautait légèrement d'un pied sur

sa tête, et, lancé dans les airs par l'effort de l'animal, il tournait sur lui-même, et retombait tout droit sur l'arène. Chacun de ces sauts hardis, comme d'heureux coups de lance ou de brillans coups d'épée, excitait l'enthousiasme et les acclamations des spectateurs.

On avait gardé, pour terminer dignement les courses, le plus puissant et le plus redoutable des taureaux destinés, comme ceux des anciens sacrifices, à périr dans les jeux. Né au pays de Kaïrwan, accoutumé à défendre son troupeau contre les tigres et les lions du désert, il avait le secret de ses forces, et l'habitude du combat. Dès qu'il parut bondissant dans l'arène, dès qu'on vit flotter sur sa noire et rude crinière les rubans violets qui indiquaient son origine, et qu'on entendit les mugissemens entrecoupés qui s'échappaient, comme un hoquet, de sa large poitrine, on reconnut le danger, et tous les combattans se mirent en défense. Mais leur lance perçait vainement le cuir du taureau. Furieux, infatigable, bravant la douleur et méprisant le danger, il s'élançait sans relâche d'un ennemi à l'autre, faisant à chaque assaut rouler dans la poussière le cheval et le cavalier. Tous les combattans étaient renversés ou reculaient devant lui ; on ne cherchait plus que par la fuite à se défendre de son atteinte. Abd-al-Malek demanda le combat à pied. Aussitôt la lice resta vide, et le taureau n'eut plus, pour assouvir sa rage, que les cadavres de ses victimes. Le fils d'Al-Mansoûr reparut bientôt. Il avait quitté son cheval et jeté sa lance. Un petit poignard était seulement caché dans les plis de sa ceinture, et il portait un *al-bornoz* (1) de laine blanche roulé autour de son bras gauche. Quand on le vit s'avancer au milieu du cirque, seul et désarmé, un cri d'effroi s'éleva parmi les spectateurs ; les femmes se couvrirent le visage, et les guerriers coururent à leurs armes. A la vue d'un ennemi vivant, le taureau s'était élancé du bout de la carrière. Abd-al-Malek l'attend de pied ferme ; et quand l'animal, arrivé d'un bond jusqu'à lui, baisse déjà les pointes sanglantes de son formidable front, il dé-

(1) Manteau arabe à capuchon.

roule son manteau, lui en couvre la tête, et, pro-
fitant des mouvemens désordonnés que fait le
taureau pour se délivrer de cette entrave, il le
saisit par les deux cornes, et, d'un seul effort, le
jette sur le sable. Al-Mansoûr, en voyant le péril de son fils, s'était précipité, le cimeterre à la
main, du haut de la galerie du Khalyfe. Le taureau gisait à terre, tué d'un coup de poignard
enfoncé derrière la nuque, lorsqu'il vint serrer
Abd-al-Malek dans ses bras, et mêler de tendres
reproches aux acclamations de la multitude.

Ce coup brillant termina les courses. Elles formaient une importante partie de toutes les fêtes
arabes, et peu de guerriers paraissaient sur le
champ de bataille sans avoir d'abord essayé leurs
lances contre l'effort du taureau. Mais, dans les
occasions solennelles, et lorsque le Khalyfe hono-
rait les jeux de sa présence, les cirques des Arabes, comme ceux des Romains de l'empire, s'ou-
vraient aux plus terribles animaux de l'Afrique.
Les lions, les tigres, les panthères, les girafes, les
chameaux sauvages y paraissaient aussi, non
pour mettre en pièces quelque esclave nu et

tremblant, quelque barbare pris à la guerre, ou
quelque sectaire enthousiaste, condamnés à donner leur agonie en spectacle au maître du peu-
ple-roi, mais pour défendre leur vie, comme dans
les vallons de l'Atlas, contre des chasseurs cou-
rageux. Abd-al-Malek était revenu vainqueur des
Mores révoltés, et l'on célébrait son triomphe ;
c'était un nouveau motif pour offrir au peuple
de Cordoue l'image d'une chasse africaine, d'une
victoire de la valeur intelligente sur la force in-
domptée et féroce.

On apporta, au milieu de l'arène, un énorme
buisson de *mimosa* (1) qui cachait dans ses branches épineuses et touffues une cage de bête fauve.
Des chiens, conduits en laisse, furent ensuite dé-
couplés, et bientôt l'on vit s'élancer du buisson,
comme s'il eût été débusqué par leurs aboiemens,
un magnifique léopard. Le léger animal franchit
en quelques bonds la largeur du cirque, et, pour
chercher une issue, en parcourut plusieurs fois
la circonférence, étalant à tous les regards les

(1) Accacia d'Afrique.

brillantes lunes d'or de sa fourrure, et la souplesse de ses membres agiles. Quand il vit que la
fuite était impossible, et qu'il n'avait gagné
qu'une prison plus large, il revint s'acculer au
buisson d'où il était parti. Les chiens, échauffés
à sa poursuite, l'attaquèrent avec résolution ;
mais le léopard, en abattant les plus audacieux,
de ses dents et de ses griffes, eut bientôt dispersé
la meute. Les autres, prudemment retirés hors
de son atteinte, le poursuivaient de cris furieux,
qu'il écoutait, immobile et méprisant, comme les
injures d'un impuissant ennemi.

Ce fut alors qu'une troupe de cavaliers, partis
des deux extrémités de la lice, s'avancèrent lentement pour l'entourer. Chacun d'eux porte dans
la main droite une courte lance, semblable aux
javelines des peuples anciens, et plusieurs autres
lances pareilles sont suspendues, sur la cuisse
gauche, dans une espèce de carquois. Ne laissant
entre eux qu'un étroit intervalle, les cavaliers
poussent leurs chevaux frémissans, et enferment
dans un demi cercle le léopard, qui rampe sur
le ventre, et dont les yeux étincelans semblent,

dans leur mouvement rapide, compter le nombre
de ses ennemis. Dès qu'on est à portée de l'atteindre, le cavalier placé à l'extrémité du cercle
brandit sa lance, qui part et s'enfonce dans le flanc
de l'animal. Celui-ci, rugissant de douleur et de
rage, bondit sur la place, et s'élance, la gueule ouverte, contre celui qui l'a blessé. Mais un second
dard, lancé par le cavalier le plus voisin, l'arrête
au milieu du trajet, et excitant par une autre
blessure une autre colère, le détourne et l'attire
vers ce nouvel ennemi. Alors un troisième coup
le frappe, puis un autre, puis un autre encore, et
tandis que le léopard, incertain parmi tant d'attaques, ne sachant où porter sa vengeance, parcourt
en sauts désordonnés tout le front de la troupe,
une grêle de traits qui l'atteignent à la fois l'ont
bientôt étendu sans vie sur la poussière rougie
de son sang. C'est ainsi que les pâtres d'Afrique
se réunissent dans des chasses périlleuses pour
conquérir, sur les vieux maîtres du désert, les
plaines où paissent leurs troupeaux.

Au moment où le corps du léopard était emporté de la lice par un rapide attelage de six mu-

les empanachées, l'heure de la troisième prière
sonnait aux horloges vivantes des mosquées de
Cordoue. Aussitôt, tous les spectateurs se levèrent par un mouvement simultané, croisèrent les
bras sur la poitrine, et sans quitter leurs places,
mais en tournant le visage à l'Orient, ils accom-
plirent dévotement le devoir dont le signal leur
était donné. La prière achevée, on couvrit soigneusement, avec du sable nouveau, toutes les
taches de sang qu'avaient laissées les combats sur
le sable du cirque, et l'on y apporta deux vastes tables revêtues de tapis de soie, qui furent placées au dessous des deux galeries. L'une, faisant
face au trône du Khalyfe, était couverte de mets
légers, de fruits, de boissons rafraîchissantes,
élégamment servis dans des corbeilles d'argent et
des vases de cristal. Cette collation était réservée
aux seuls combattans; encore ne pouvaient-ils y
prendre part qu'à la faveur de l'une des dispenses
militaires, car la rigoureuse observation du jeûne
obligeait alors les musulmans à se priver de toute
nourriture entre le lever et le coucher du soleil.
L'autre table était chargée d'une infinité de bi-

joux et d'objets précieux, que les juges du tournoi allaient distribuer pour récompenses entre les combattans. Cette fonction de juge était en grand honneur, et ne s'accordait qu'aux hommes les plus éminens par la naissance ou la renommée. En quelque lieu que se célébrassent les fêtes, le Khalyfe, s'il y assistait, présidait ce tribunal chevaleresque, et nommait les membres qui devaient le composer avec lui. C'était une des marques d'autorité souveraine qu'Al-Mansoûr se gardait bien d'envier au chef nominal de l'empire, et qu'il lui laissait, avec tous ses priviléges de représentation. Hescham régnait dans les prières, les cérémonies et les jeux. Ce jour là, il s'était associé quatre collègues, son Hagib, sans l'avis duquel il n'aurait pas même osé porter une décision sur un coup de lance, son oncle Ald-al-Azyz, gardien de la bibliothèque impériale, le Khâdy des Khadys, et l'ambassadeur grec, auquel il rendait ainsi le plus grand honneur que permissent les usages du temps.

Dès que les juges furent proclamés, les clairons et les timbales annoncèrent la seconde partie des jeux militaires, celle qui recevait spécialement le nom de *joûtes* (1). Selon l'usage, elle commença par l'exercice de l'arc. Les Arabes, fils des anciens Scénites, et les Berbères, fils des Numides, avaient conservé l'antique renommée de leurs pères; ils étaient toujours les premiers archers du monde. A l'une des entrées du cirque, où l'amphithéâtre offrait, entre ses bancs coupés, un vaste intervalle, une lance fut plantée en terre; elle soutenait, à hauteur d'homme, un de ces petits boucliers des cavaliers arabes, formés de trois lames de cuir étendues sur un tissu d'osier, et que perce dans leur centre un pointe d'acier poli : c'était le but.

Les combattans étaient rangés sur l'un des côtés de la lice, dans l'ordre que leur avait assigné le sort, et tenant à la main leur arc tendu. Au signal donné, ils partent l'un après l'autre, à de courts intervalles. Chacun d'eux lance son cheval à toute bride, puis l'arrête court en face du but, décoche une flèche, et reprend aussitôt sa course.

(1) *Jùstas*, en Espagnol.

rapide. Ce mouvement s'exécutait avec une si merveilleuse promptitude, que l'oreille entendait déjà siffler le trait, quand l'œil n'avait aperçu qu'une sorte d'hésitation dans l'allure du cheval. Quatre fois les prétendans renouvelèrent cette lutte d'adresse, et, après chaque épreuve, celui qui avait frappé le plus juste, était proclamé vainqueur par le tribunal des joûtes. Il venait alors, au bruit de la musique et des acclamations, recevoir des mains du Khalyfe le présent, récompense et gage de sa victoire.

Un prix principal fut ensuite disputé par les quatre vainqueurs. C'était l'équipage complet d'un chevalier : un étalon du Hedjaz, portant la selle élevée, les larges étriers, et le mors aux longues branches ; un turban de guerre, un bouclier et une cotte de maille forgés à Fez ; une lance, un cimeterre droit, et un poignard de Damas. L'*adarga* qui avait servi de but fut enlevée, toute semée de flèches, et l'on mit à sa place une légère branche d'oranger à laquelle pendait un seul fruit. Le prix ne pouvait appartenir qu'à celui qui l'aurait percé. Les rangs dis-

tribués et le signal entendu, les combattans s'é-
lancent. L'un perce le feuillage qui couvre la
pomme d'or, l'autre ébranle la lance qui la porte.
Solyman venait le troisième; il frappe au milieu
de l'orange, où sa flèche se balance suspendue, et
les cris des spectateurs annoncent aussitôt qu'il
a gagné le prix. Mais Abd-al-Malek le suivait;
tandis que la branche d'oranger s'agitait encore
avec violence, sa flèche atteint aussi le fruit déja
percé, et l'emporte au loin avec la flèche de son
rival. Des cris plus bruyans saluèrent le triomphe du jeune Arabe, que le Berbère entendit,
avec un dépit amer, proclamer par les juges le
vainqueur des vainqueurs. On amena devant
Abd-al-Malek l'armure et le coursier qu'il avait
conquis : «Fils d'Oqbah, dit-il à Solyman, nos
flèches ont partagé le fruit ; il est juste que nous
en partagions l'écorce, la chair et les pépins.
Choisis, du cheval ou des armes. » Le Berbère,
deux fois vaincu, prit en rougissant le bel animal
qui se cabrait dans les mains d'un écuyer; il
sauta légèrement sur sa croupe, et disparut du
cirque. Sa fierté s'était moins irritée d'éprouver

une défaite que d'être obligée à la reconnaissance.
Cet orgueilleux chef des gardes voyait avec un
dépit qu'il pouvait contenir à peine, que la jeune
renommée d'Abd-al-Malek égalait déjà cette
vieille renommée de force et d'audace qui l'avait
élevé à la place éminente dont il était revêtu, et
que la seule place, plus éminente encore, à laquelle il lui fût donné de prétendre, pourrait se
perpétuer, sans déchéoir, dans la famille d'Al-
Mânsoûr. Ainsi s'aigrissait, de tous les ressenti-
mens de sa jalousie et de son ambition, la haine
qu'il portait en secret au vainqueur de ses frères
du Maghréb; car, quoiqu'il servît avec ardeur
la cause du croissant contre les infidèles, l'orgueil de race l'emportait encore dans l'âme de
Sôlyman sur le zèle de la religion, et sur l'amour
de la patrie.

Après le combat de l'arc, venait celui de la
lance, qu'on appelait aussi *courses de bagues* (1),
le plus galant, le plus noble de tous les exercices, et toujours réservé pour terminer les joûtes.
Il était soumis à des formes particulières, à des

_____

(1) En espagnol, *cañas* ou *sortijas*.

règles sévèrement gardées, dont la première était
que nul ne pût y prendre part, s'il n'avait été
reçu chevalier. Quand ce mot ne signifiait pas
simplement un guerrier des tribus nobles ; quand
il devenait le titre des membres de cette confrérie militaire que les nations chrétiennes fondè-
rent, par imitation, un siècle plus tard, il avait,
parmi les Arabes, une haute et puissante accep-
tion. Ce titre envié de tous, ce titre qui résumait
en lui les idées d'honneur, de savoir et de vertu,
qui exprimait à la fois les perfections de l'esprit
et du corps, ne s'accordait qu'après de longues
épreuves et des succès incontestés. Quoiqu'il eût
commandé une armée et gagné des batailles,
quoiqu'il eût reçu de ses soldats le nom d'*Al-
Modhaffer*, Abd-al-Malek n'était point encore
armé chevalier. On avait attendu le jour des fêtes
célébrées à sa gloire pour donner à son entrée
dans cet illustre corps plus d'éclat et de solennité.

Le Khalyfe, chef de l'ordre, avait voulu con-
férer lui-même au jeune vainqueur des Mores
l'accolade d'admission. On étendit dans le cirque,
sous le balcon de sa galerie, une vaste *Alfom-*

bra (1), garnie d'un rang circulaire d'épaisses *Almohadas* (2), sur lesquelles Hescham s'assit, entouré de ses principaux officiers. Abd-al-Malek, qui s'était dépouillé de toutes ses armes, vint s'agenouiller devant lui, au milieu de ce divan, conduit par le chevalier qui lui servait de *parrain*. C'était Al-Mondhyr, l'ami de son enfance, l'inséparable associé de ses joies et de ses peines, Al-Mondhyr, qui l'avait précédé de quelques années dans la vie, et de quelques jours seulement dans le rang de chevalier.

« Emyr des croyans, dit-il au Khalyfe, celui que tu vois prosterné devant tes genoux est Abd-al-Malek, fils d'Al-Mansoûr, de la tribu d'A-mer (3).

— « Que demande-t-il? répondit Hescham. »

— « L'ordre de chevalerie, reprit Al-Mon-dhyr. »

— « Toi qui l'a reçu, réponds-tu qu'il en est digne ? »

(1) Tapis.

(2) Coussins, siéges.

(3) *Abd-al-Malek ben Al-Mansoûr Al-Amery.*

— « Oui, par les dix qualités dont chacun de nous a fait preuve. »

— « A-t-il la *bonté* ? »

— « Ses proches l'aiment, les pauvres le bénissent, il pardonne aux offenses et n'a point d'ennemis. »

— « La *valeur* ? »

— « Le rebelle Ebn-Kénous fuyant devant lui dans les champs de Fez en a rendu témoignage. »

— « La *poésie* ? »

— « Les sages de nos académies recueillent ses vers, et le peuple les retient dans sa mémoire. »

— « L'*éloquence* ? »

— « Ses lèvres distillent la persuasion ; d'une parole, il excite ou modère la fureur des guerriers. »

— « La *force* ? »

— « Sa main renverse un taureau furieux. »

— « La *grâce* ? »

— « Les mères le montrent pour modèle à leurs fils. »

— « Sait-il dompter et guider un *cheval?* »

— « Il franchirait les espaces de l'air sur la croupe aîlée d'*Al-Boraq* (1). »

— « Sait-il manier la *lance ?* »

—. « On dirait que l'ange de la mort dirige la sienne dans les batailles. »

— « Le *cimeterre ?* »

— « Son aïeul *Al-Farouk* (2), armé de la *Samsamah* (3), n'en faisait pas un plus terrible usage. »

— « L'*arc ?* »

(1) L'*Étincelante*, nom de la jument qui ravit Mahomet au ciel.

(2) Le *Pourfendeur*, surnom d'Amer ou Omar, l'un des compagnons du Prophète.

(3) Nom d'une épée célèbre. Amroû, le conquérant de l'Égypte, en fit présent au Khalyfe Omar. Des courtisans persuadèrent à celui-ci qu'Amroû l'avait gardée, et lui en avait donné une autre. Amroû, indigné, se fit apporter l'épée, et étant entré dans l'enclos des bêtes de somme, il abattit d'un seul coup la tête d'un chameau. « Je t'avais donné l'épée, dit-il à Omar, mais je ne t'avais point donné le bras. »

— « Tu viens de lui décerner le prix sur les vainqueurs. »

Hescham se tournant alors vers Abd-al-Malek : « Fils d'Al-Mansoûr, lui dit-il, au nom d'Allah, je te fais chevalier ; remplis tes devoirs, garde tes sermens. » En prononçant ces mots, il tira son épée, frappa légèrement du bout de la lame les épaules et le cou du postulant toujours agenouillé, puis le baisa sur le front. Alors deux écuyers s'approchèrent d'Abd-al-Malek, et tandis que l'un d'eux lui passait au cou le baudrier qui portait son épée, l'autre attachait à ses bottines les éperons d'or (1), insignes de sa dignité nouvelle.

La cérémonie terminée, on prépara tout pour les courses de bagues. Un jeune mélèse, orné de rubans et de fleurs, comme l'arbre de mai que les nations chrétiennes promenaient alors dans leurs fêtes au retour du printemps, fut planté dans le milieu de l'arène. C'était à l'extrémité de ses branches robustes que venaient se suspendre

______

(1) *Al-Segah*, dont les Espagnols ont fait *acicate*.

l'un après l'autre, et s'offrir à la lance des joû-
teurs, les anneaux d'or qu'il fallait enlever au
galop. En même temps, on dressa, à l'un des
bouts de la carrière, une petite tente de soie
verte destinée au chevalier qui devait, avec son
second, *maintenir les joûtes*, c'est-à-dire, répondre à tous les défis qui lui seraient portés.
Telle était la manière de courir la bague. Abd-
al-Malek, ordonnateur de la fête, nouveau chevalier et vainqueur dans les jeux précédens,
se trouvait, à tous ces titres, chargé du difficile
emploi de *manténédor* (1). Il avait pour assistant son fidèle Al-Mondhyr. Dès qu'ils se furent
enfermés dans leur tente, une file de six mulets
richement caparaçonnés et portant sur leurs
têtes de hauts panaches, traversèrent la lice. Ils
étaient chargés des lances de jonc destinées aux
courses. Ces lances furent rangées sur un vaste
ratelier, d'un côté de la tente du *manténédor* ;
de l'autre côté, un grand nombre de chevaux,
portant la selle et la bride, furent attachés à des
piquets.

(1) C'est le mot espagnol, que je conserve, faute d'équivalent.

Les chevaliers qui se présentaient pour dé-
fier le *mánténédor*, et joûter avec lui, n'avaient
plus, comme dans les jeux précédens, la livrée
uniforme de leur tribu. Chacun d'eux portait
une devise et des couleurs personnelles. La devise était peinte ou ciselée sur *l'adarga*, et brodée sur le petit drapeau de la lance, ouvrage de
femme, et la faveur la plus ordinaire qu'un amant
reçût de la *reine de ses pensées*. La plupart des
chevaliers arabes choisissaient une devise permanente, à laquelle on pouvait les reconnaître, et
qui devint, dans la chevalerie d'imitation des chrétiens, l'origine des armoiries héréditaires. Telle
était celle d'Al-Mansoûr. On voyait sur son écu le
pic élevé d'une montagne, dominant le globe de
la terre, et touchant presque au croissant de la
lune. Ces mots étaient gravés à l'entour : « *Ni
prétendre à plus, ni me contenter de moins* (1); »
et cette fière devise, qui peignait son caractère
et sa situation, devait au moins rassurer le Kha-

(1) La même phrase forma la devise d'Aben-Abo, second roi des
Morisques, révoltés sous Philippe II.

lyfe contre le dernier désir d'une ambition qui
s'avouait satisfaite.

Les guerriers arabes prenaient aussi des devi-
ses passagères pour exprimer leur pensée ou
leur situation du moment. Al-Mondhyr, qui
brûlait de l'amour le plus tendre pour la jeune
et célèbre Khadidjah, portait sur son bouclier
un volcan jetant des flammes, autour duquel
était écrite cette légende, alors de bon goût :
« *Elle est plus vive dans mon cœur.* » Les couleurs, qui formaient une autre espèce d'emblé-
me, se portaient à la fois sur le large ruban qui
entourait l'*adarga*, sur le drapeau de la lance,
sur les plumes du casque, sur la ceinture, et sur
les housses du coursier. Les chevaliers arabes se
paraient des couleurs de leurs dames ; mais ils y
joignaient d'habitude une ou plusieurs couleurs
symboliques au moyen desquelles la galanterie s'é-
tait fait un langage muet. Violet et blanc, signifiait
la foi, la constance ; brun et noir, les peines,
les soucis ; bleu, la jalousie ; jaune, la méfiance,
le soupçon ; vert, l'espérance ; rouge, la joie,
l'amour satisfait. Il était aussi d'usage, dans les

courses de bagues, que les chevaliers missent à
leur adresse un autre prix que les applaudissemens des spectateurs et la munificence des juges;
ils jouaient, quelquefois en une seule course, le
plus souvent en trois, quelque objet de prix,
quelque faveur d'amour, un ruban brodé, un
bracelet, une tresse de cheveux. Au moment
du défi, ils déposaient leurs gages de combat, et
le vainqueur allait mettre aux pieds de sa dame les enjeux gagnés à ces paris chevaleresques.

Parmi tous les guerriers qui se préparaient
joyeusement aux joûtes, le seul Abd-al-Malek peut-
être n'était animé que par le désir de la gloire, et
ne cherchait en aucune place des vastes bancs de
l'enceinte un regard qui dût lui donner l'encouragement et la récompense. Son cœur était libre
encore. Dans la fleur de l'âge, ayant à peine
achevé les études longues et variées auxquelles se
livraient alors tous les jeunes Arabes de haute
naissance, il avait trouvé dans son amour pour
un père illustre, et dans sa première ardeur pour
le métier des armes, à satisfaire ce besoin de
tendresse et d'émotions qu'éprouve une âme ar-

dente à son entrée dans la vie. Cependant, pour se conformer à l'usage, le *manténédor* paraissait aux joûtes avec tout l'appareil d'un galant chevalier. Il portait les couleurs de la sultane Ssobyha, mère du Khalyfe, à laquelle Al-Mansoûr devait sa fortune, et l'empire sa splendeur. Chargée, à la mort de son époux, le docte Alhakem II, de nommer le *Hagib* auquel appartiendrait la régence de l'État pendant la minorité de son fils, elle avait choisi, non le Hagib du règne précédent, mais le jeune Mohhammed, qui n'était encore que son secrétaire, et sur le front duquel elle avait lu l'avenir d'Al-Mansoûr.

Dès que la lice fut ouverte, on vit s'y précipiter une foule de chevaliers, tous luttant déjà par l'éclat et le bon goût de leurs livrées, tous empressés d'éprouver leur adresse et la fortune. Mais ce n'était point entre eux qu'ils pouvaient combattre. Quel que fût leur nombre, ils ne formaient qu'un même parti, et n'avaient tous qu'un même adversaire; le *manténédor* devait répondre seul à tous les défis. Celui qui voulait engager une joûte, s'avançait vers l'arbre des bagues, et sonnait d'un petit cor d'argent qu'il portait suspendu à son cou ; le défié sortait aussitôt de sa tente, et l'on réglait les conditions du combat. Si deux chevaliers se présentaient ensemble, le *manténédor* appelait son second ; l'on jouait alors une partie carrée. A chaque course, les combattans changeaient de lances et de chevaux, afin qu'on ne pût attribuer leurs succès à l'avantage d'un essai précédent. Outre les gages du défi qui restaient en son pouvoir, le vainqueur recevait d'ordinaire quelques présens de la main des juges, et le vaincu lui-même partageait cette faveur, quand il avait vaillamment disputé le prix : nul coup brillant ne restait sans récompense.

Ces joûtes étaient remplies d'intérêt, non-seulement pour ceux qui vidaient leurs gageures devant tant de regards, mais pour ceux même qui n'en étaient que les témoins. Tous les sentimens de l'amour, de l'amitié, de l'orgueil de famille ou de tribu, se réunissaient pour attacher une foule de spectateurs à la cause de chaque chevalier, et les indifférens eux-mêmes prenaient parti à la seule vue des couleurs différentes. Ces cris d'encouragement, partis des deux côtés, ces murmures ou ces acclamations qui accueillaient chaque coup de lance, ces rires de mépris et ces rires de joie, tous ces mouvemens, tout ce tumulte d'une multitude passionnée, témoignaient d'un goût vif et général. Mais autant le spectacle de ces jeux, avec leurs mille détails et leurs mille incidens, était plein d'intérêt et de charme, autant leur récit en serait dépourvu: Chacune des courses, comme chaque anneau d'une chaîne, était l'exacte image de celle qui avait précédé et de celle qui allait suivre. Toujours un défi, toujours des chevaux précipités et des lances en arrêt, toujours des bagues manquées, ou conquises, une victoire et une défaite, des applaudissemens et des moqueries.

Toutefois, à la fin des jeux, et lorsque l'heure qui mettait fin aux épreuves du *manténédor* allait sonner, une circonstance intéressante vint ranimer la curiosité déjà lassée. Depuis le combat de l'arc, Solyman n'avait plus paru dans l'arène ; mais son jeune frère Ismaÿl avait dignement soutenu l'honneur du sang africain. Plu-

sieurs fois il s'était mesuré avec Abd-al-Malek
ou son ami, et par les chances à peu près égales
de leurs gageures, ces dignes rivaux se trouvaient avoir échangé différens objets. Ismaÿl,
sonnant une dernière fois le chant du défi, pro-
posa au *manténédor* de jouer, en trois courses,
tous les enjeux de leurs paris précédens. Aussitôt, les autres chevaliers se rangèrent sur les côtés de la lice, et tous les regards se fixèrent avec
inquiétude sur les deux jeunes champions, qui
représentaient en quelque sorte les deux grandes
races du peuple musulman. Le silence avait tout-
à-coup succédé à ce murmure confus, à cette voix
inintelligible de la foule. Il n'était interrompu
que par les cris d'espérance et de joie que jetaient tour-à-tour les partisans de l'un et de l'autre
rivaux. Déjà, pour la seconde fois, chacun d'eux
avait couru, et chacun emportait deux anneaux
d'or au fer de sa lance. On voyait la cinquième
bague suspendue à l'un des rameaux du mélèse.
C'était la dernière, et Ismaÿl avait l'avantage de
courir le premier. Il saisit une des lances de jonc
étalées sur le ratelier ; il la balance, et la pèse

dans sa main, pour en mettre les deux
bouts en équilibre ; puis, il part, dressé sur
ses étriers. Abd-al-Malek le suit dans la même
posture. La bague, agitée par une légère brise,
se présentait un peu obliquement. Toujours
adroit, mais moins heureux cette fois, Ismaÿl,
au lieu de l'atteindre dans le centre, la frappe
sur le bord, et, tandis qu'il franchit les branches
de l'arbre, la bague, détachée par le choc, vole
au loin dans l'espace. Abd-al-Malek la voit, se
presse, arrive quand elle retombe, et, l'atteignant dans sa chute, présente, triomphant, à la
pointe de sa lance les trois anneaux qui lui donnent la victoire.

Ainsi se termina le rôle difficile qu'avaient soutenu pendant deux heures entières le *manténédor*
et son ami. Nul chevalier n'avait pu les vaincre
tous deux ; ils étaient demeurés maîtres de la
lice. Le nouveau Wali de Fez, qui venait de
justifier dans les jeux de la paix son récent surnom gagné sur le champ de bataille, vint alors
déposer aux pieds de la sultane les innombrables dépouilles qu'il avait conquises à son

6

service. Ssobyha, fière des succès de son jeune chevalier, lui paya ses présens par des éloges qui retentirent au cœur paternel du Hagib. « O mon fils, dit-elle au Khalyfe, je t'ai donné plus d'un Al-Mansoûr. » Avec moins d'éclat, mais non moins de délices, Al-Mondhyr goûtait aussi la joie du triomphe. C'était la première fois qu'il paraissait, dans ces occasions solennel-les, sous les yeux de sa bien-aimée; c'était la première fois, qu'enhardi par la gloire, il osait déclarer publiquement l'objet de son discret amour. Il avait, pendant les joûtes, porté le vert pour couleur, afin d'exprimer à-la-fois son espoir d'un double triomphe. Lorsque son nom, proclamé avec celui du *manténédor*, eut retenti aux deux extrémités du cirque, les juges lui donnèrent, pour dernier prix, un petit vais-seau d'or, garni de tous ses agrès, et plus pré-cieux encore par le travail que par la matière. Aussitôt Al-Mondhyr s'avança vers la galerie du Khalyfe, et, faisant agenouiller son cheval, il présenta au bout de sa lance ce bijou déli-cat à sa maîtresse : « Belle Khadidjah, lui dit-il, accepte le prix que ton nom, invoqué après celui d'Allah, m'a fait remporter sous tes yeux. Ce vaisseau est petit, mais ses voiles sont grandes, car elles se remplissent d'espérance. » Khadidjah reçut, en rougissant de pudeur et de joie, le don de l'amoureux chevalier, et le soir, lorsque le Khalyfe réunit à sa table tous les combattans des joûtes, Al-Mondhyr parut au festin de la cour avec une ceinture rouge sur sa tunique, et des plumes rouges sur son turban.

A peine terminé pour les hommes de guerre, ce brillant tournoi sembla recommencer pour les beaux-esprits de Cordoue, qui célébrèrent, dans de nouvelles luttes, la pompe des fêtes et les exploits du fils d'Al-Mansoûr. Moins de lances ne s'étaient exercées dans les joûtes, que de plumes ne s'exercèrent à les décrire, et moins de pas n'avaient tracés les chevaux sur la poussière de l'immense arène, que les poètes ne tracèrent de monorimes sur les longues feuilles du papier de Valence. On compta jusqu'à trois cent mille vers, qui furent tous lus à l'académie des savans. Sur ce nombre, Ebn-Fe-radj choisit un dixain, qu'il recueillit dans le célèbre *divan* (1), auquel il donna pour nom *Les jardins*. Encore a-t-il péri, avec toute la collection, dans le magnifique *auto-da-fé* que les rois catholiques allumèrent, cinq siècles après, sur la grande place de Grenade conquise.

(1) Recueil de poésies.

LE COMBAT.

Ce cri *d'Al-Djihéd*, jeté par le *Khatyb* de la
grande mosquée de Cordoue, avait retenti ,
répété par les imams de toutes les mosquées ,
jusque dans le plus petit hameau de l'empire ;
la guerre sainte était publiée. Commandé dans
cette forme, au nom du Dieu de Mahomet, par
le successeur du prophète, le service militaire
devenait un service religieux que tout musulman
était tenu d'accomplir, non moins impérieu-
sement que les cinq prières dans le cours de
la journée, que l'assistance à la *Khotbah* une
fois dans la semaine, que le jeûne du Rhamadan une fois dans l'année, que le pèlerinage
à la Mecque une fois dans la vie.

En partageant les pays conquis entre les
chefs de leurs tribus, les premiers Khalyfes

arabes n'avaient pas eu besoin de se réserver le droit de suzeraineté sur ces donataires primitifs, ni d'exiger d'eux à perpétuité l'hommage et le service de guerre, pour que ceux-ci, les imposant à leur tour à de nouveaux tenanciers , qui les imposeraient encore à d'autres vassaux, étendissent la chaîne féodale jusqu'aux serfs de la glèbe. Ces chefs religieux des races conquérantes du Midi possédaient, dans leur titre même, dans l'origine et la nature de leur puissance , tóus les droits que les chefs militaires des races conquérantes du Nord n'avaient exercés qu'en vertu de contrats, de conditions, d'obligations réciproques.

La loi, l'autorité, les droits , les devoirs , tout, chez les Arabes, était soumis au grand principe de l'unité. A l'exemple du monde , l'état était gouverné par une seule intelligence, par un seul pouvoir. Le Khalyfe régnait sur l'empire , comme Dieu sur l'univers. Il était le chef de la nation, parce qu'il était le pontife de la foi ; il était le juge suprême sur toutes les matières, parce qu'il était l'unique interprête de la loi unique ; il commandait aux actions, parce qu'il commandait aux consciences. Dans l'obéissance se trouvait la même unité que dans le commandement. Tout sectateur de l'Islam était sujet du prêtre en même temps que sujet du prince, sujet par l'âme et par le corps. Tout devoir politique était devoir religieux ; il fallait payer l'impôt au Khalyfe, comme aux pauvres la dîme aumônière ; il fallait se rendre à l'appel du Wali, et marcher en troupe au combat, comme il fallait se rendre à l'appel de l'imam, et marcher en procession dans les campagnes pour réciter les prières contre la sécheresse.

Cette année (1), l'affluence des fidèles était extrême. La guerre, à laquelle ils s'empressaient de prendre part avec ce sentiment dévot et cet espoir d'un prix céleste qu'on apporte à l'observance d'une pratique religieuse, n'était point une de ces querelles de race ou de secte, qui mettaient si fréquemment les armes aux mains

____

(1) De l'hégire, 376 ; de l'ère chrétienne, 998.

des nations musulmanes, lorsque le pouvoir
était disputé, par une révolte ou par une hérésie,
aux familles et aux opinions régnantes. L'attaque se préparait contre les étrangers, les infidèles, les ennemis communs du territoire et de
la loi. Aussi, toutes les tribus se montraient-el-
les également jalouses de fournir leur contingent d'enrôlés volontaires. Ce fut ainsi qu'un
siècle plus tard, on vit les divers peuples de
la chrétienté, oubliant leurs rivalités mutuel-
les à la voix du commun pontife, marcher
ensemble sous une bannière religieuse à la
conquête du pays, berceau de leur loi. L'*Al-
Djihed* était la croisade des Arabes. Un autre
motif d'intérêts tout mondains et temporels
venait encore accroître cette pieuse ardeur.
Les bulletins de victoire, lus dans toutes les
mosquées, avaient appris à la nation entière
les grands succès de la dernière campagne,
qu'Al-Mansoûr avait couronnée par la prise à
l'assaut de la ville de Saint-Jacques. On accourait avec l'espoir de nouveaux succès, et
d'un riche partage de dépouilles, car le butin

fait l'année dernière avait été si considérable, qu'après la vente des captifs, des denrées, des armures et de tous les objets précieux, chaque fantassin de l'armée avait reçu pour sa part, bien que celle du cavalier fût double, la valeur de cinq *mitscâls* d'or. Il est vrai que la masse des prises n'avait subi d'autre prélèvement que celui d'un cinquième pour la part du Khalyfe, et qu'Al-Mansoûr, toujours fidèle à ses habitudes de grandeur généreuse, avait abandonné la part du général à ses soldats (1).

Les officiers du Khalyfe, espèces de *Missi dominici*, chargés de lever les troupes, et de régler le contingent de chaque district, d'après l'importance de l'entreprise et la situation du trésor impérial, n'avaient d'autre embarras que celui de faire un choix parmi la multitude

______

(1) Ce butin commun se nommait *anfal.*

Les princes chrétiens imitèrent des Arabes l'usage de vendre les prises, et d'en répartir la valeur, dont le cinquième leur était aussi réservé. Cet usage s'est conservé jusque sous les rois de la maison d'Autriche.

d'enrôlés qui se faisaient inscrire sur les lis-
tes, et sollicitaient instamment leur préférence.
Les hommes de tous les rangs et de tous les
métiers s'offraient avec un égal empressement. A côté d'un étudiant, encore revêtu
de la robe collégiale , on voyait un com-
merçant à barbe grise qui s'était enrichi par
trois voyages aux Indes, et pensait à faire son
salut après sa fortune ; à côté d'un conducteur
d'*acemilas*, de ces longues files de mulets de
bât qui servent à l'échange des denrées entre
les provinces , on voyait un berger de ces
immenses troupeaux errans qui se promènent
le long des chaînes de montagnes , émigrant
des pâturages du Nord à ceux du Midi. Partout
les artisans étaient mêlés aux agriculteurs. Celui qui fabrique le papier dans les ateliers de
Xativa se présentait avec celui qui cultive le
lin et le chanvre dans les plaines de Valence ;
celui qui tanne les cuirs à Mérida, avec celui
qui arrose les rizières de l'Estremadure ; celui
qui fourbit et cisèle les métaux à Jaen, avec
celui qui plante la canne à sucre et le coton-

nier dans les vallons de Malaga ; celui qui tisse les étoffes de soie à Murcie, avec celui qui émonde les mûriers de Grenade (1).

Parmi tous ces dévots aspirans au métier des armes, le choix des officiers impériaux tombait d'abord sur les anciens soldats, sur ceux qui, revenus dans leur pays natal après la campagne précédente, offraient encore au Khalyfe le service d'un bras aguerri. Pour remplir les vides que laissaient chaque année dans les rangs, la mort, la vieillesse, le dégoût des fatigues et des dangers de la guerre, on prenait de préférence les hommes les plus robustes, les plus alertes, et dont l'absence ne devait pas laisser sans pain leurs vieux pères ou leurs jeunes enfans. D'ailleurs, aucun des enrôlés n'était admis au service qu'en justifiant de l'expresse autorisation de ses parens ; aucun ne contractait d'engagement pour plus d'une campagne. A la fin de la saison militaire, l'armée se dis-

(1) En 1600, un peu avant l'expulsion des Morisques, le roi d'Espagne affermait encore la récolte de la soie (*la cria de la seda*), dans le royaume de Grenade, 181,500 ducats d'or.

persait en atteignant la frontière de l'empire,
et chaque soldat rentrait dans sa famille, jusqu'à la formation d'une armée nouvelle. Il
n'y avait de corps permanens que la garde du
Khalyfe, composée de mercenaires africains,
et les *Kaschefs*, troupe de paix, troupe civile,
qui ne servait qu'au maintien de l'ordre intérieur et à la répression des délits.

Le camp où s'assemblait l'armée avait été
placé, comme l'année précédente, au milieu
d'un vaste plateau situé dans le district de Tolède, en deçà des monts qui séparent les deux
Castilles, et près des murs d'une bourgade presque entièrement peuplée de chrétiens mozarabes. Cette bourgade, qui marque à peu près le
point central de la Péninsule, est devenue
depuis, par les avantages de sa position, la capitale de la monarchie espagnole. Quelques escadrons de l'armée d'Abd-al-Malek, revenus d'A-
frique avec leur général, n'avaient pu prendre
de repos entre la campagne d'hiver, faite contre les révoltés, et la campagne d'été qui allait
s'ouvrir contre les infidèles. Ils campaient déjà

dans les prairies qui bordent le torrent *des Pommiers* (1), dont le lit tortueux va verser dans le Tage les neiges fondues par le soleil du printemps sur les sommets de Guadarrama. Chaque jour de nouvelles troupes, parties de tous les points de l'empire, depuis les rives du Duero jusqu'au port de la nouvelle Carthage, depuis la pointe d'*Al-Gharb* jusqu'aux bouches de l'ancien Ibérus, venaient grossir ce noyau de l'armée impériale. On voyait arriver successivement, et les fils des tribus arabes du Yémen et du Hedjaz, tribus sœurs et voisines, mais de tous temps rivales, et dont la mutuelle inimitié a précédé les traditions de l'histoire; et les enfans de la Syrie, les premiers convertis à l'Islam; et les enfans de l'Égypte, qui reçurent presque en même temps la lumière; hommes de races nobles, que les Arabes purs regardent en frères, car ils ont partagé leurs premières conquêtes; enfin, les enfans du *Mahgréb*, innombrable race de vaincus, qui n'ont adopté la foi du pro-

(1) Le Manzanarès.

phète qu'abattus sous le cimeterre de ses disciples, et qui ont inondé de leurs émigrations successives l'Espagne conquise par leurs vainqueurs. Ces nations, si diverses par l'origine, la condition et le nombre, mais que réunit du moins une foi commune sous le sceptre du pontife-roi, forment le peuple musulman, dont les Africains sont le corps, et les Orientaux la tête. Les volontaires de leurs tribus composent la cavalerie de l'armée, c'est-à-dire, l'armée elle-même, car, chez les Arabes, le cheval fait partie du guerrier, et combattre à pied n'est à leurs yeux qu'une ignoble dispute d'esclaves qui se frappent du poing, ou d'animaux qui se déchirent de la dent.

Néanmoins leur camp renferme aussi des corps d'infanterie; mais ce sont presque uniquement des chrétiens et des juifs mozarabes qui les composent; peu de musulmans consentent à descendre jusqu'à cet avilissant métier. Ces fantassins, troupes méprisées, prennent rarement part à l'honneur du combat. Ce n'est point pour s'étendre en longues lignes de bataille, ou se serrer en

impénétrables masses, qu'ils sont appelés à suivre les rangs de l'armée; réduits à une demi-
ration du cavalier, ils sont les serviteurs des
combattans véritables. Dresser les tentes du
camp, combler le lit d'une rivière, applanir le
chemin d'une montagne, creuser les tranchées
d'attaque devant une place forte, préparer les
vivres des hommes et des chevaux; voilà leurs
fonctions en campagne. L'infanterie forme un
intermédiaire entre les cavaliers et les bêtes de
somme. Celles-ci, toujours nombreuses à la
suite d'une armée arabe, portent les tentes
et les hamacs, les réserves de flèches, de
lances, de toutes armes, les provisions de
blé et de riz pour les hommes, d'orge pour les
chevaux, indispensables dans un pays frontière
que ravagent chaque année les deux partis. Enfin elles traînent les balistes, les béliers, les man-
gonneaux, les tours roulantes, toutes ces
machines de siége qui élèvent des remparts
contre les remparts, qui brisent les portes des
forts et percent les murailles des villes.

Tandis que l'armée arabe se réunissait au

camp de Madrid, le Khalyfe avait envoyé au
roi de Léon, contre les états duquel était dirigée
la campagne, un héraut pour le sommer, lui
et son peuple, de renoncer au culte des idoles
et d'adorer Allah, le Dieu pur, le Dieu unique,
sinon, de livrer son trône et son pays aux enfans
d'Ismaël. Cette sommation n'était qu'une for-
malité, et ne pouvait avoir d'autre effet que d'a-
vertir par avance l'ennemi que menaçaient les
armes musulmanes ; mais le Livre ordonnait
que, pour rendre la cause aussi juste que sainte,
les infidèles ne fussent jamais attaqués par le
glaive sans qu'on eût essayé sur eux le pouvoir
du conseil, et cette sommation précédait religieu-
sement chaque entrée en campagne (1). Le héraut qui la portait, et dont la mission, tant de
fois répétée, était connue sans qu'il l'expliquât,
ne fut pas même admis en présence du prince

(1) « Combattez vos ennemis dans la guerre entreprise pour la
religion ; mais n'attaquez pas les premiers. Dieu hait les aggres-
seurs..... S'ils vous attaquent, baignez-vous dans leur sang. Telle est
la récompense due aux infidèles. S'ils quittent l'erreur, le Seigneur
est indulgent et miséricordieux. » (*Koran,* chap. II.)

auquel il était envoyé. Les *Fronteros* (1) espagnols ne lui laissèrent point franchir la limite
des deux états.

Cinq jours après son retour à Cordoue, les
joyeux *Hélélis* des cavaliers arabes, rangés
en longues colonnes devant le front du camp,
saluèrent l'arrivée du *Kaïd al Kowad* (2). Ministre et général, Al-Mansoûr n'avait quitté
qu'au dernier moment la salle du conseil où
s'expédiaient toutes les affaires civiles, pour venir prendre le commandement de l'armée. Il
laissait l'empire tranquille et florissant; maintenant il allait le rendre glorieux. Dès qu'il eut
franchi l'enceinte du camp, et sans prendre de
repos après une marche longue et rapide, il
commença la revue de tous les corps. Chaque
homme, chaque cheval, chaque mulet de bât passèrent sous ses yeux. Il vit que tous les cavaliers
étaient munis de l'épée, de l'arc et de la lance,
et qu'ils portaient sur les flancs de leurs che-

(1) Gardiens des frontières.

(2) Chef des chefs, généralissime.

vaux, d'un côté, le carquois, de l'autre, le sac de peau pour les provisions, et l'écuelle de cuivre pour les repas; il s'assura de l'état des armes, et de la suffisance des approvisionnemens; il distribua les nouvelles recrues dans les cadres, disposa les escadrons, présenta les officiers à leurs soldats, et répartit les bannières aux *Kaÿds* (1). Ceux-ci commencèrent leurs fonctions en donnant lecture du décret où le Khalyfe Al-Hakem II a tracé les obligations des Musulmans dans l'*Al-Djihéd* (2). Enfin, peu de

(1) *Kaÿd*, capitaine, chef; ce que les Espagnols appellent *Caudillo*.

(2) Voici ce décret :

« C'est un devoir pour tout bon Musulman d'aller à l'*Al-Djihéd*, ou guerre contre les infidèles ennemis de notre sainte loi. Les ennemis seront requis d'embrasser l'Islam, excepté quand ils commenceront l'invasion. Dans l'autre cas, on leur proposera de se faire Musulmans, ou de payer les tributs établis, tels que nous les paient les infidèles de notre empire. Si, dans les combats, les ennemis de la loi ne sont pas deux fois aussi nombreux que les Musulmans, le Musulman qui fuira de la mêlée est vil, et pèche contre la loi et contre notre honneur. Dans les entrées sur la terre ennemie, ne tuez pas les femmes, ni les enfans, ni les vieillards sans forces, ni les reli-

jours après l'arrivée du général, une armée de trente mille cavaliers et de dix mille fantassins, répartis sous cent trente bannières, franchissait, pleine d'enthousiasme, la chaîne de Guadarrama. On voyait, depuis la plaine qu'elle avait quittée, les masses de la cavalerie arabe

gieux de vie retirée, à moins qu'eux-mêmes ne vous fassent du mal. Ne tuez, ni ne faites prisonniers ceux à qui vous aurez donné un sauf-conduit; n'en violez aucune condition. Que le sauf-conduit donné par un chef soit respecté par tous. Toutes les dépouilles, après le prélèvement du cinquième qui nous appartient, se partageront sur le champ même du combat. Le cavalier aura deux parts; le fantassin, une. Pour les choses à manger, prenez-en autant que vous en aurez besoin. Le Musulman qui reconnaîtra, dans le butin, quelque objet à lui, jurera devant les Khadys de l'armée que cet objet lui appartient; on le lui donnera, s'il réclame avant le partage; si après, on lui en rendra le juste prix. Pour ceux qui servent dans l'armée, bien qu'ils ne soient pas gens de combat, et qu'ils soient d'une autre croyance, les chefs arbitreront la récompense de leurs services. Il en sera de même pour ceux qui feraient dans le combat, ou hors du combat, quelque exploit noble et d'importance. Que ceux qui ont père ou mère ne viennent point, sans le consentement de tous deux, à l'armée d'*Al-Djiéd*, ou à la défense de la frontière; si ce n'est dans les occasions de subite nécessité, car alors la principale obéissance est d'accourir sur-le-champ à la défense du sol et à l'appel des Walys.

se dérouler en longues ondulations sur le flanc des montagnes. Les reflets du soleil levant, qui frappait de ses premiers rayons les armes polies, faisaient luire de brillans éclairs sur le sombre ruban des colonnes mouvantes, et quand, par intervalles mesurés, cessait le bruit des clairons, des trompettes et des timbales, on entendait l'écho lointain des hymnes guerriers et religieux qu'entonnait, dans d'immenses concerts, la grande voix d'une armée.

Elle portait le nom qu'on donne à toute armée complète, celui d'*Al-Schamis*, qui veut dire cinq parties, et symboliquement la *main*, parce que, suivant l'usage, elle comptait cinq corps principaux, l'avant-garde, l'aile droite, l'aile gauche, le centre et l'arrière-garde. Dix mille Berbères, commandés par Solyman, qui laissait à ses lieutenans la garde du palais de Médynat-al-Zohrâ, formaient l'avant-garde de l'*Al-Schamis*. Au corps de bataille, composé du centre et des ailes, se trouvaient, avec Al-Mansoûr, les guerriers des tribus venues de l'Arabie, de la Syrie et de l'É-gypte. Un autre corps de Berbères, égal au premier, couvrait la marche de l'armée, dans laquelle les hommes de pied, ainsi que les *acémilas*, avaient été répartis également.

Les *Adalides* (1) étaient, pour la plupart, des chrétiens mozarabes de Tolède, que la communauté d'origine et de religion met en fréquens rapports avec les chrétiens espagnols. Ils apprennent, par de nombreux voyages clandestins, à connaître tous les sentiers qui traversent la plaine, tous les *ports* (2) des montagnes, tous les gués des rivières. Ils savent aussi reconnaître aux traces, avec une merveilleuse sagacité, toute personne et tout animal. Mais leur réputation d'équivoque fidélité s'était établie par de trop nombreuses épreuves pour qu'on leur confiât aveuglément le destin de l'armée. Quelques *Adalides* musulmans, du petit nombre de ceux qui avaient pu pénétrer dans les provinces espagnoles, veillaient sur les guides pour prévenir toute embûche et déjouer toute trahison. A la

(1) *Al-Dályl*, guides.

(2) *Puertos*, passages, ce qu'on appelle *cols* dans les Alpes.

tête de ces surveillans, se trouvait un vieux chevalier arabe auquel une intéressante aventure de
sa jeunesse avait donné la connaissance appro-
fondie des pays où s'engageaient les troupes impériales. Quarante ans avant cette époque, le roi
de Léon, Sancho-le-Gras (1), se trouvant atteint
d'une hydropisie, envoya demander au Khalyfe
Abdérame III la permission de venir à Cordoue
chercher sa guérison. Une escorte d'honneur alla
le prendre à la frontière, et c'est en roi que Sancho fut accueilli dans la capitale d'un empire
dont le chef exerce l'hospitalité en ouvrant aux
étrangers, sur toutes les routes, des auberges
gratuites (2). Les médecins arabes guérirent le
prince chrétien ; mais, pendant sa longue absence, le puissant Hernan-Gonzalez, non content
d'avoir soustrait son comté de Castille à l'hommage de vassalité, avait placé sur la tête de son
beau-frère Ordoño-le-Méchant la couronne su-
zeraine de Léon. Abdérame, toujours digne du
nom de magnanime que lui donnèrent les chré-

(1) Sancho-el-Gordo.

(2) Ces auberges se nommaient *mencyl.*

tiens, confia au prince dépossédé une armée arabe qui le rétablit sur son trône. C'était dans ce corps auxiliaire que le chef des guides avait fait ses premières armes. Devenu l'époux de la fille d'un baron chrétien, il s'était fixé long-temps à la cour de Léon, et consacrait maintenant au service de l'Islam les dernières années d'une vie passée parmi les ennemis de sa foi.

Chaque nuit, l'armée campait, et pendant la journée, sa marche était interrompue aux heures des repas et des prières. Par un privilége commun aux soldats en campagne et aux voyageurs en route, les cinq prières quotidiennes se réduisaient à deux, et les *rikath* (1) qui les composent, à la moitié de leur nombre ordinaire. Quand l'eau de purification manquait, une autre dispense autorisait à faire les ablutions avec le sable, la poussière ou la cendre.

Au bout de quelques jours de marche, l'armée atteignit la rivière de Tormès dont les eaux furent tant de fois rougies par le sang des guerriers de l'une

____

(1) Oraisons.

et de l'autre loi. Elle côtoyait la rive gauche pour trouver, en remontant le cours de l'eau, un endroit guéable que pussent franchir les bagages et les machines. Tout-à-coup, une espèce d'éclair, une petite flamme vive et brillante paraît à l'extrémité de l'horizon; puis d'autres flammes, allumées successivement et de plus en plus rapprochées, étendent jusqu'au général une ligne de feux instantanés. On aurait dit que la première flamme, rapide comme la lumière, eût bondi en sauts gigantesques d'un point à l'autre de sa course. Aussitôt l'ordre de halte parcourt les rangs, et, du centre aux deux extrémités de la longue colonne mouvante, s'étend, avec la voix des chefs, l'immobilité commandée. Les *Atalayas* (1) avaient annoncé l'approche ou la rencontre de quelque obstacle inattendu. Chargés d'éclairer la marche de l'armée, de signaler les mouvemens de l'ennemi, de transmettre les ordres aux corps éloignés, les *Atalayas* se tiennent à d'égales distances, afin d'établir entre eux des lignes

____

(1) *Al-Thalaya'h*, éclaireurs.

ininterrompues de communication, et se parlent, par la transmission des signaux, une langue muette qui s'adresse aux yeux, et qui, pour traverser l'espace avec rapidité, l'emporte autant sur la parole que la lumière sur le son. Le feu est leur moyen le plus habituel de correspondance. Pour produire, dans la nuit, une flamme plus vive, et, dans le jour, une fumée plus lumineuse; pour former des symboles par le nombre, le mélange et la direction des feux, ils emploient des substances qu'a découvertes et préparées l'art de la chimie. Au charbon réduit en poussière, au soufre si prompt à s'enflammer, ils mêlent cette poudre blanche et brillante qu'on appelle *sel de pierre* (1), et dont la puissance, déjà connue, déjà essayée, mais encore sans emploi, doit prêter bientôt à l'art de la guerre ses plus formidables moyens de destruction (2).

Tandisque l'armée entière suspendait sa mar-

(1) *Mallh-al-Baroud*, *sal petræ*, salpêtre.

(2) On peut consulter, sur l'invention et l'usage de la poudre à canon chez les Arabes, l'*Essai sur l'Histoire des Arabes et des Mores d'Espagne* (tom. II, p. 147 et suiv.)

che, Al-Mansoûr, quittant la place qu'il occupait auprès de l'étendard du Khalyfe, avait rapidement franchi les rangs des tribus arabes, puis ceux des Berbères de l'avant-garde, et, suivi seulement par quelques cavaliers d'escorte, il gravissait une colline ardue dont le pied baignait dans la rivière, et du haut de laquelle était parti le premier signal d'alarme. En arrivant sur la hauteur, il laissa échapper un cri de surprise, et son cheval s'arrêta, retenu par une secousse machinale : l'armée chrétienne était devant ses yeux, campée sur l'autre rive du Tormès.

Quelque habitué que fût Al-Mansoûr, par vingt années d'épreuves, à l'indomptable constance des Espagnols, à cette énergie patiente qui les ramenait au combat après vingt défaites, il lui semblait qu'abusé par un songe, il n'avait devant lui qu'une vision fantastique. A peine quelques mois s'étaient écoulés depuis qu'il avait battu ces mêmes Chrétiens dans deux rencontres sanglantes, qu'il avait chassé devant lui les débris de leurs troupes, qu'il avait traversé toutes leurs provinces, qu'il avait emporté d'assaut là ville sainte où reposent les os de leur apôtre; et déjà, ces vaincus obstinés, plus prompts que lui dans les apprêts et dans le départ, se retrouvaient à sa rencontre, non point cachés dans les asiles inaccessibles des montagnes où il les avait refoulés, mais au milieu de la plaine, à l'entrée de leurs champs, et prêts à lui disputer le passage de la frontière. Cependant, il ne pouvait douter de leur présence. On voyait distinctement les huttes à moitié creusées dans le sol et couvertes de branchages, où s'abritaient les soldats. De loin en loin, parmi ces masures construites à l'instar des celles des hameaux, s'élevait, comme un manoir féodal, la tente du baron qui réunissait ses vassaux autour de sa bannière. En aidant sa vue d'un de ces instrumens d'optique par le secours desquels les astronomes arabes étudient le mouvement des corps célestes, Al-Mansoûr pouvait compter le nombre des tentes seigneuriales que renfermait le camp des Chrétiens. Ce camp, adossé à un amphithéâtre de collines, formait trois quartiers distincts. Le plus éloigné, deux fois plus

nombreux à lui seul que les deux autres ensemble, était composé des Léonères, des Galiciens et des Asturiens, tous sujets directs du roi
de Léon. Sur une haute tente, posée comme la cathédrale d'une ville, au centre des habitations,
flottait un vaste étendard où l'on distinguait,
sur un fond rouge, la croix jaune et le lézard
de Compostelle. Là devait être le vieux Bermudo II, qui, depuis seize années, occupe le
trône de Pélage, car nul autre que le roi ne
pourrait arborer la bannière royale. Le quartier le plus voisin de la rivière, celui qui formait l'avant-garde du camp, était occupé par
les guerriers de Castille. Une bannière carrée,
ornée aux quatre coins par deux tours et deux
lions, annonçait que leur vaillant comte don
Garcia Hernandez était au milieu d'eux. Dans
le troisième quartier, placé en arrière de celui
des Castillans, et sur le flanc de celui des
Léonères, on n'apercevait aucun drapeau de
prince. C'était un corps auxiliaire envoyé par
le roi de Navarre, ce Sancho-le-Majeur, plus

occupé des intérêts de sa famille que de ses devoirs de chrétien ou de sa renommée de chevalier (1).

Les Espagnols n'avaient point seulement, comme les Arabes, un devoir religieux à remplir, quand ils prenaient les armes contre les ennemis de la croix, une obligation plus précise les réunissait tous les ans sous la bannière de leurs souverains. Chaque laboureur, descendant des populations conquises, appartenait au possesseur de la terre à laquelle il était attaché; celui-ci, homme-lige, arrière-neveu de quelque soldat des armées conquérantes, devait à perpétuité le service de son bras aux fils du chef qui avait divisé, entre ses hommes d'armes, les vastes domaines qu'il tenait, sous la même condition, du roi son suzerain. Ainsi, par l'effet de ces devoirs successifs, de cette chaîne ininterrompue d'obéissance, l'appel du roi enlevait à la glèbe le dernier serf de son der-

(1) Le fils aîné de Sancho, Ferdinand I, réunit dans sa main tous les sceptres de l'Espagne chrétienne, et fonda la première dynastie d'origine française.

nier vassal. Admirable pour tenir sous le joug les populations asservies , l'institution féodale n'était pas moins favorable à la défense et à l'agrandissement du territoire. Les continuels succès d'Al-Mansoûr l'ayant rendu maître de la Castille entière, de cette province si patiemment reconquise sur les descendans de Mouza par les descendans de Pélage , le comte don Garcia , réfugié avec ses vassaux sur les terres du roi de Léon, ne pouvait recouvrer ses domaines que par la guerre obstinée, implacapable, sans trêve ni répit, qui les avait donnés à ses ancêtres ; et c'était seulement dans cette guerre incessante, qui ajoutait pièce à pièce, comme les alluvions d'un fleuve, de nouveaux champs au territoire, que les hommes d'entreprise pouvaient acquérir aussi des fiefs héréditaires. Ainsi, la constance et l'opiniâtreté naturelles du caractère espagnol étaient encore stimulées par tous les aiguillons de l'intérêt personnel. Il y avait d'ailleurs, dans les usages militaires des Arabes, un vice irrémédiable que les Chrétiens mettaient merveilleusement à profit. Cette retraite et cette dispersion de l'armée musulmane après chaque campagne, ainsi que la double qualité d'Al-Mansoûr, qui devait partager sa vie entre la salle d'audience du ministre et la tente du général, rendaient impossible la conservation des conquêtes. Une bataille gagnée, une ville prise, ne donnaient, avec des ennemis comme les Espagnols, que l'occupation temporaire d'un pays qu'il fallait leur enlever une autre fois au printemps de l'année suivante, pour le perdre encore à l'automne.

Recrutée par des moyens si différens, l'armée chrétienne ne ressemblait pas davantage à l'armée arabe sous les rapports de l'organisation ou de la tenue des troupes. L'une se composait de diverses races, de diverses tribus, que rendaient rivales des motifs fréquens de jalousies, quand des haines immémoriales ne les rendaient pas ennemies déclarées. L'autre était formée dans une seule religion, dans un seul peuple ; elle avait, contre l'avantage du nombre, l'avantage de l'union, et toutes les

troupes de vassaux rassemblées sous les bannières de leurs seigneurs, que dominait également l'étendard du roi, étaient fortement en-
chaînées ensemble par les anneaux de la hié-
rarchie féodale. L'une ne comptait dans ses
rangs que de la cavalerie ; les seuls hommes
de labeur étaient à pied. L'autre était tout
entière composée d'infanterie ; les chefs seuls
étaient à cheval. Cette disposition pouvait sem-
bler au premier coup-d'œil un désavantage ;
mais elle tournait au contraire au profit des
Chrétiens, qui faisaient, sur le champ de bataille, une guerre défensive , qui soutenaient
habituellement derrière leurs murailles le choc
de l'ennemi, et qui échappaient à sa poursuite
en escaladant des rochers inaccessibles aux
chevaux. Les Arabes avaient le grand tort de
conserver dans la montueuse Celtibérie la manière de combattre qu'avaient choisie leurs
pères dans les steppes sablonneuses du Hedjaz ;
et s'ils pouvaient répéter encore les paroles de
Mouza, qui disait des Espagnols, en peignant au
Khalyfe les peuples qu'il avait subjugués : « Ce

« sont des lions dans leurs châteaux et des chè-
« vres dans leurs montagnes, » ils ne pouvaient
plus ajouter : « mais ce sont des femmes dans
« la plaine. » Ces fils des anciens Goths, alors
amollis par trois siècles de paix, s'étaient faits
hommes par trois siècles de guerre.

Du reste, leur camp n'offrait aucune trace de
ce luxe, de ces aisances, que les Arabes portaient dans toutes leurs expéditions. Pauvres,
isolés, sans arts, sans commerce, les Espagnols
ne luttaient que de courage avec leurs riches et
industrieux envahisseurs. Ils n'étaient pas même
encore arrivés à ce point où l'envie conduit à
l'imitation. Un chef de tribu, qui accomplissait
le pèlerinage de la Mecque, menait avec lui,
comme un patricien romain, une caravane de
cliens et d'esclaves ; il emportait des fours d'argent pour manger chaque jour du pain nouvel-
lement cuit, et plusieurs de ses chameaux étaient
chargés d'outres remplies de neige, afin qu'il
pût boire, au milieu du désert, des sorbets glacés.
Un général d'armée avait sa cour de femmes,
de musiciens et de poètes ; les festins, les danses,

les jeux d'esprit, continuaient, sous sa tente no-
made, comme dans son palais de Cordoue. Les
Chrétiens, au contraire, dormaient dans des
huttes de terre et de branches ; ils vivaient de
pain d'orge et de chair de chevreaux ; leurs barons n'avaient, pour élégante armure, qu'une
massive cuirasse, qu'un lourd morion de fer ;
et les soldats, vêtus d'un juste-au-corps en cuir
qui couvrait la poitrine et laissait les bras nus,
n'avaient le plus souvent d'autre arme qu'un
épieu ferré. Au lieu d'une troupe de femmes,
dont les voix mêlées aux instrumens guerriers
formaient d'agréables concerts, les chefs espagnols menaient à leur suite quelque confrérie de
moines qui psalmodiaient des cantiques en latin
barbare, et tous les divertissemens de l'armée se
bornaient à entendre chaque matin l'office, autour d'une croix de chêne plantée sur un autel
de gazon.

Al-Mansoûr ayant choisi, au pied de la colline, une place pour son camp, fit faire halte à
l'armée. En quelques heures de travail, les gens
de pied eurent tracé un grand cercle, et creusé

un fossé profond, qu'ils garnirent sur son revête-
ment intérieur, de hautes palissades. Les cavaliers de toutes les tribus, les machines, les
chameaux, les mulets de bât, se rangèrent successivement et sans désordre dans cette enceinte
où leurs places étaient marquées d'avance, et les
tentes en cuir, entourées d'un petit fossé pour l'é-
coulement des eaux, furent aussitôt dressées.
Le camp des Chrétiens, placé sur l'autre rive du
Tormès, n'était pas à un demi-*farsandj* du camp
des Arabes, et les *atalayas* les plus avancées auraient pu atteindre de leurs flèches les premières
sentinelles espagnoles. Celles-ci garnissaient un
étroit pont de pierre, formé d'une seule arche,
si haute, si aiguë, qu'elle semblait, vue du cours
de l'eau, le portail en ogive d'une chapelle soli-
taire. C'est ce passage important, car les ponts
étaient rares dans leurs provinces, que les Chrétiens voulaient fermer à l'ennemi. Lorsque les
escadrons arabes commencèrent à descendre, en
colonnes serrées, la colline qui avait jusque-là
caché l'une à l'autre les deux armées, un grand
mouvement se fit parmi les Espagnols ; ils con-

naissaient Al-Mansoûr, et, craignant une attaque
immédiate, ils accoururent sur les épaulemens
de terre et de pieux dont ils avaient fortifié léur
camp. Mais en voyant les Arabes dresser leurs
tentes au milieu de la plaine , ils regagnèrent
aussitôt leurs quartiers, comme après une fausse
alarme. La garde du pont fut seulement doublée;
mais, dans l'intervalle des deux camps, dont les
feux se répétaient de chaque côté sur l'eau, comme les lumières d'une ville qu'un fleuve coupe
par la moitié, les guerriers des deux religions
abreuvaient paisiblement leurs chevaux, à demi
portée du trait.

La nuit et tout le jour suivant se passèrent
dans le même repos. Seulement, les éclaireurs
arabes, envoyés en reconnaissance par Al-Mansoûr, lui rapportaient à chaque instant quelques
détails nouveaux sur la disposition générale du
terrain, sur les points guéables de la rivière, et
sur les abords du camp ennemi. Le lendemain,
à la pointe du jour , les *atalayas* signalèrent
l'arrivée d'un héraut. Celui-ci, portant dans la
main gauche une lance surmontée d'un écu aux

armes royales, et sonnant par intervalles d'un petit cor qu'il tenait à la main droite, s'approcha des barrières du camp, et demanda l'entrée pour un envoyé du roi de Léon. La réponse d'Al-Mansoûr lui fut aussitôt transmise, et l'on vit, quelques momens après, un prélat castillan déboucher, avec sa suite, du pont dans la plaine. Vêtu de ses habits pontificaux, il marchait à cheval entre deux hommes d'armes que précédait son héraut. Une garde d'honneur vint à sa rencontre, et le conduisit jusqu'à la tente d'Al-Mansoûr, qui l'attendait au milieu de ses principaux officiers. Habituellement, les parlementaires ennemis n'étaient introduits dans une ville assiégée, ou dans un camp fortifié, qu'avec un bandeau sur les yeux. Mais le général arabe, qui avait plus à gagner qu'à perdre en laissant reconnaître ses forces, fit à dessein négliger cette précaution. Déja frappé par le magnifique aspect du camp, le prélat espagnol ne put retenir un cri d'enchantement quand il aperçut le divan d'Al-Mansoûr. Jamais les descriptions du paradis chrétien qu'il promettait à ses ouailles, n'avaient approché de ce luxe asiatique étalé pour la première fois devant ses yeux. Il resta quelques momens immobile et dans l'attitude d'un homme en extase ; mais, reprenant bientôt, avec le souvenir de son rôle, toute sa fierté, il prononça ces mots d'une voix lente et grave :

« Le souverain seigneur de trois royaumes, défenseur de ses peuples et *agrandisseur* de ses états, le glorieux roi Bermudo, fils de Ramiro, mon seigneur, m'envoie à toi, Al-Mansoûr, ministre et général d'Hescham, fils d'Alhakem, qui s'intitule Khalyfe de Cordoue, chef des croyans, monarque des deux nations et des deux lois (que Dieu brise ses vains titres !). »

Al-Mansoûr sourit à ce fastueux préambule, dont l'ambassadeur espagnol avait emprunté toutes les expressions aux messagers des Khalyfes, et lui fit signe d'exposer l'objet de sa mission.

« Ton armée, reprit le prélat, et celle du roi, mon seigneur, sont encore enfermées dans leurs retranchemens ; ce n'est donc pas aujourd'hui

que tu peux songer à combattre, car un jour
entier n'est pas trop long pour le grand duel
qu'elles ont à vider. Demain, vendredi, est le
jour saint des Musulmans ; il est juste que toi
et tes frères puissiez le célébrer en paix. Samedi
est le jour saint des Juifs, qui sont en grand
nombre dans les rangs de ton armée et de la
nôtre ; pourquoi n'auraient-ils pas le même désir et le même droit ? Enfin, dimanche est le
jour saint des Chrétiens, et mes frères ressemblent encore à leurs ancêtres, qui aimèrent
mieux se laisser égorger par l'épée des Romains,
que de manquer, en tirant leur épée, à l'observation du repos dominical (1). Je te propose
donc une trève de trois jours.»

Al-Mansoûr répondit : « J'ai lu dans le Livre
ces belles paroles : « Certes, les Musulmans,
les Juifs, les Chrétiens, et les Sabéens, qui croi-
ront en Dieu et au jour dernier, et qui feront
le bien, en recevront la récompense des mains
du Très-Haut; ils seront exempts de la crainte

____

(1) Devant Ceuta, en 547.

et des supplices. » A Dieu ne plaise, Chrétien, qu'Al-Mansoûr puisse être accusé jamais d'avoir troublé dans leurs prières, quelles qu'en soient la langue et la forme, les créatures qui rendent gloire au créateur. Retourne à ton maître, dis-lui que j'approuve ses scrupules, et que la trêve de trois jours est conclue. Que la colère d'Allah tombe sur celui qui enfreint sa promesse ! »

Ayant reçu cette réponse, l'évêque espagnol fit une profonde inclination, puis il se retira, reconduit jusqu'à la moitié du chemin par l'escorte qui l'avait amené. Al-Mansoûr, en rejetant la demande du roi de Léon, aurait manqué à la tolérance et à la générosité dont se glorifiaient justement les Arabes ; mais il aurait manqué de même à ses devoirs de prudence, si, confiant en la foi toujours douteuse et souvent violée des Chrétiens, il ne se fût mis en garde contre une embûche tendue avec cette subtile adresse dont les peuples encore sauvages étonnent quelquefois les plus civilisés. Ces précautions ne furent pas vaines. Trois heures après

le coucher du soleil, les *atalayas* se replièrent
en courant sur les postes avancés, et bientôt,
au cri de *Santiago y cierra España* (1), répon-
dirent mille cris semblables, poussés, comme
des hurlemens, dans les ténèbres. Les Espagnols, à la faveur de la nuit, avaient franchi
le pont et l'étroite plaine qui séparait les deux
camps; ils espéraient surprendre les Arabes endor-
mis sur la foi de la trève. Mais à peine eurent-ils
jeté tous ensemble ce cri de guerre, qui devait,
comme les trompettes de Gédéon, porter l'épou-
vante parmi les nouveaux Philistins, que des
feux s'allumèrent soudainement sur toute la
ligne d'enceinte, et les archers musulmans,
cachés derrière les palissades, firent pleuvoir
une grêle de flèches sur les assaillans que des
lueurs éclatantes montraient à leurs coups.
Ceux-ci, surpris eux-mêmes par cette résistance inattendue, tournèrent le dos sans combattre, et, laissant un grand nombre de morts

---

(1) Littéralement, *Saint-Jacques, et attaque, Espagne.* On peut
voir, dans le *Don Quichotte* (*parte II, cap.* 58), la singulière explication que donne Sancho Panza de ce vieux cri de guerre.

et de blessés , ils regagnèrent les abris du pont ,
avec toute la vitesse de la fuite, toujours plus
grande que celle de l'attaque. Quelques partis
de cavaliers berbères , lancés à leur poursuite ,
coupèrent la retraite aux moins agiles ; ceux qui
n'osèrent passer la rivière à la nage , durent jeter leurs armes et demander à genoux merci ,
pour obtenir de conserver la vie en perdant la
liberté, et de faire, comme esclaves, partie du butin général (1).

Le reste de cette nuit, où s'étaient trouvées
aux prises la déloyauté chrétienne et la prudence arabe , se passa en apprêts réciproques ,
pour la grande épreuve de leur force. Al-Mansoûr voulait châtier sans délai la perfidie de
Bermudo, et celui-ci, qui savait avoir éveillé
la colère de son terrible ennemi, se disposait
à la plus opiniâtre résistance. Dès que l'aube
commença de poindre, dès qu'on put, selon
l'expression du Livre, distinguer un fil noir d'un

(1) Cette ambassade et cette agression eurent lieu réellement la
veille de la bataille de Zalaca, livrée en 1086 par l'Almoravide Youzef au roi de Castille Alphonse VI.

fil blanc, les deux armées se virent en présence. Prévoyant une attaque de front, les Espagnols avaient rempli de leurs épaisses masses d'infanterie tout l'intervalle qui séparait leur camp de la rivière. Mais ils se trompaient sur l'intention d'Al-Mansour. Celui-ci avait trop d'expérience des choses de la guerre, pour engager sa cavalerie sur l'étroit passage d'un pont défendu par des tranchées ; ce n'était point un siége qu'il voulait faire, mais une bataille qu'il voulait livrer. Au lieu donc de se mettre en marche par le chemin qu'avaient suivi les Espagnols dans leur attaque nocturne, l'armée arabe avait quitté son camp par les barrières opposées, et s'étendait, en une ligne immense, sur le bord du Tormès, bien au-dessous du passage que gardait l'ennemi. Aux premières lueurs du crépuscule, les guides, qui avaient reconnu la veille tout le cours de la rivière, se jetèrent à l'eau pour aller marquer, sur l'autre rive, les points de plus facile abord. Aussitôt toutes les tribus, précédées de leurs officiers qui maintenaient l'ordre des rangs, mirent ensemble leurs chevaux à la nage, et la rivière disparut pendant quelques momens sous la multitude armée qui couvrait ses eaux. Les Espagnols étonnés virent exécuter ce passage avec toute la promptitude et la régularité d'une manœuvre ordinaire. A voir l'armée arabe rangée sur l'autre rive en ordre de bataille, on eût dit qu'à la voix d'Al-Mansoûr, les flots obéissans s'étaient ouverts, comme autrefois devant le prophète des Hébreux, où s'étaient durcis, comme sous les pieds du prophète des Chrétiens.

Tournés, dans leur première position, par la manœuvre d'Al-Mansoûr, les Espagnols opérèrent avec précipitation un mouvement de flanc afin de présenter à l'ennemi leur front de bataille. Dans cette seconde position, ils se trouvaient placés, en avant de leur camp, comme ils l'avaient été d'abord en arrière du pont. Les Léonères, les Galiciens et les Asturiens, réunis sous le commandement du roi Bermudo, formaient, au centre de leur ligne, une énorme phalange carrée. L'aile doite, qui s'appuyait à la rivière, était composée des Castillans, et les Navarrais, dont la troupe s'étendait au loin

dans la plaine, flanquaient, à gauche, le corps
de bataille. Ainsi disposée, l'armée chrétienne
avait cessé tout mouvement; ses rangs, serrés
et profonds, ressemblaient, dans leur silence
et leur immobilité, à des murailles hérissées
de fer. Au devant, se tenaient les hommes couverts de cuirasses ou de pourpoints piqués revê-
tus de cuir; ils avaient pour armes des lances,
des épées, des haches, des masses ferrées et des
faux tranchantes. Derrière eux, étaient les archers et les frondeurs. La cavalerie arabe, qui
s'avançait au pas, aurait pu, de ses longues
colonnes, envelopper les masses ennemies;
mais la rivière et l'enceinte du camp proté-
geaient celles-ci de l'un et de l'autre côté; il
fallait les prendre de front sur le terrain qu'elles
avaient choisi. Al-Mansoûr, qui n'aurait obtenu,
en attaquant les ailes, que de les faire replier sur
le centre, résolut de porter tout son effort contre le
corps principal; bien certain, s'il parvenait à l'en-
tamer, que sa déroute, en séparant les corps détachés, entraînerait celle de l'armée entière. Il envoya
quelques troupes berbères, sous les ordres de

Solyman et d'Abd-al-Malek, pour occuper, plutôt que pour combattre les Castillans et les Navarrais, se réservant, pour lui-même et ses Arabes, l'attaque principale.

En marchant à l'ennemi, les troupes récitaient l'oraison du combat. Chacun des chefs de corps, se plaçant à la droite du premier rang de ses escadrons, faisait l'office de l'*imam*, et ses cavaliers, de même que les fidèles à la mosquée, répétaient après lui la prière. « O Seigneur, disaient-ils, comme autrefois les guerriers de David prêts à combattre ceux de Goliath, ô Seigneur, accorde-nous la constance et le courage ; affermis nos pas et viens nous secourir contre un peuple infidèle. » On voyait, de loin en loin, dans les rangs, des guerriers qui portaient sur la tête une guirlande de fleurs. Ceux-là, pour racheter quelque faute ou par excès de piété, avaient juré de mourir martyrs (1), et ils marchaient au combat, parés comme les victimes des anciens sacrifices.

(1) *Schéhyd.*

Dès que les Musulmans furent arrivés à portée du trait, les trompettes sonnèrent, et quelques archers, détachés des rangs, commencèrent à engager l'action. Comme au tir de l'arc dans les joûtes, ils précipitaient leurs chevaux jusque sur le fer des lances espagnoles, décochaient leur flèche, et, faisant volte face, échappaient par la fuite aux flèches de l'ennemi. Ces armes volantes ne portaient pas seulement les blessures du fer, mais souvent aussi les blessures plus mortelles du poison. Les Arabes en avaient trempé la pointe dans le suc de l'aconit, et les Chrétiens, dans celui de l'ellébore noir. Les premiers, suivant l'immémorial usage, jetaient, dans leurs rapides escarmouches, ces cris perçans, prolongés et sans paroles, que les Espagnols nommèrent *alaridos*. Pour ceux-ci, qui n'invoquaient qu'en attaquant leur saint Jacques-le-tue-Mores (1), ils gardaient un profond silence ; mais on entendait s'élever, du milieu de leurs rangs, les voix so-

____

(1) *Santiago-Matamoros.*

lennelles des prélats et des moines qui chantaient, sans interruption, les versets du psau-
me *In exitu Israël de Egypto.*

Le nombre des tirailleurs arabes, lancés sur
l'ennemi par petits pelotons, allait sans cesse
en croissant. Bientôt leurs cris se confondirent;
leurs armures, plus pressées, s'entrechoquèrent;
et l'on voyait, devant les bataillons chrétiens,
comme un tourbillon d'hommes et de chevaux,
allant, venant, courant dans tous les sens. Des
jets de poussière grise s'élevaient sous leurs
pieds, et, de cette espèce de nuage, que les
reflets des armes sillonnaient d'éclairs, tombait une pluie de flèches, toujours renouve-
lée, toujours grossissante. Les Espagnols,
fixés à leurs places, n'avaient pas reculé d'un
pas. Aux morts, aux blessés, succédaient de
nouveaux combattans, et les rangs, également
serrés, présentaient partout une masse impénétrable. Ils avaient eu de nombreux vides à remplir ; mais un monceau aligné des cadavres
d'hommes et de chevaux tombés aussi sous
leurs coups, formait devant eux comme un

rempart, et rendait plus difficile, plus périlleuse, l'approche de cette vivante citadelle.

Al-Mansoûr voulut mettre fin à ce carnage inutile. Sur son ordre, porté dans la mêlée, les troupes volantes des archers se dispersent, s'éloignent, laissent vide le champ de leurs évolutions. Alors les escadrons d'élite s'ébranlent, dirigés par le général de l'armée, et la masse impétueuse des cavaliers arabes va heurter de front la masse immobile de l'infanterie chrétienne. De ce choc dépend le succès de la bataille. Deux fois les guerriers d'Al-Mansoûr, debout sur leurs selles, et la lance en arrêt, se sont précipités au galop contre l'impénétrable phalange; deux fois les flots de la furie arabe se sont brisés sur l'écueil de la constance espagnole. Impassibles au milieu des effrayans *alaridos*, et devant le choc plus effrayant des cavaliers qui ébranlent la terre, les Chrétiens présentent froidement le fer de leurs piques à la tête des chevaux, qui se cabrent et roulent avec leurs maîtres sur la poussière.

A la seconde attaque, les rangs des Arabes

sont rompus, abandonnés. Des chevaux errent
sans maîtres sur le champ de bataille, et des
hommes sans chevaux. Une foule de braves
sont tombés sur le mur de cadavres que les
Chrétiens ont élevé devant eux ; les autres re-
gagnent en désordre les bords de la rivière qu'ils
ont franchie le matin. Al-Mansoûr, le désespoir
dans l'âme, a vu fuir ses plus nobles tribus, celles dont l'effort, rarement nécessaire, n'avait jamais été ni vain, ni douteux. Il n'avait plus de
réserve, plus d'armée; il était vaincu. Impuissant à faire entendre de cette multitude sa voix
imposante et respectée, Al-Mansoûr se précipite
au devant des fuyards ; il arrache de son front
ce turban qui les a tant de fois guidés à la victoire ; il jette son épée, il saute à bas de
cheval, et se couche étendu sur la terre, montrant à ses soldats que, pour aller plus loin, ils
doivent fouler aux pieds le corps de leur général. Cette éloquente pantomime, plus prompte
que le discours, est aussi d'un plus prompt
effet. Tous les chevaux sont arrêtés, comme retenus par une seule pensée ; toutes les âmes sont

pénétrées à la fois par la honte, par la soumis-
sion, par le sentiment du devoir et de l'honneur. La voix des chefs est entendue ; les rangs
se reforment ; on s'anime, on s'encourage, et
tous ces guerriers, dispersés tout-à-l'heure,
comme des ramiers dont un vautour a traversé
la troupe, réunis maintenant sous leurs dra-
peaux, reviennent au combat en jurant de pré-
férer la mort à l'ignominie d'une fuite nouvelle.
Al-Mansoûr a saisi des mains de son *alferez* l'é-
tendard du Khalyfe ; il marche à la tête des
escadrons ; il les forme, les échelonne, les ra-
masse en une colonne profonde, et, montrant la
place où doit se concentrer tout leur effort, il
donne le signal d'une charge désespérée. Cette
impétueuse phalange, lancée à toute bride, va
frapper comme une baliste contre la muraille
d'hommes que lui opposent les Chrétiens. Ceux
du premier rang, poussés par les rangs qui
leur succédent, dressent leurs chevaux contre
les lances espagnoles ; atteints dans le poitrail,
ces animaux, par un inexplicable instinct, s'en-
foncent aveuglément sur le fer qui les perce,

et leur corps, emporté par la course, écrase de
son poids l'ennemi qu'ils ont désarmé. D'autres
cavaliers les suivent, et d'autres encore; ils se jet-
tent dans les rangs entamés, pour tomber aussi,
mais pour étendre l'ouverture; et bientôt, comme
un fleuve qui emporte sa digue, la cavalerie
arabe s'infiltre par mille issues dans le carré rompu de l'infanterie espagnole. Alors, tout est con-
sommé ; la résistance et la fuite sont devenues
également impossibles. Divisés, enveloppés, fou-
lés aux pieds des chevaux, les fantassins ne peuvent, ni frapper de leurs longues armes, ni parer
les coups qui leur sont portés d'en-haut. Il
faut se rendre ou périr.

La seconde ligne des Chrétiens, où se trouvaient le roi Bermudo et ses principaux barons ,
se mit aussitôt en retraite. Recueillant les débris
des bataillons enfoncés, et présentant un front
redoutable aux archers musulmans jetés à sa
poursuite , elle recula sans désordre jusqu'aux
limites du camp, dont elle enleva , au passage,
les objets les plus précieux et les plus sacrés ;
puis, elle disparut dans les montagnes qui en-

touraient d'une enceinte de rochers la plaine
du combat. Comme Al-Mansoûr l'avait prévu, la
défaite des troupes du roi de Léon avait été
celle de toute l'armée. Les ailes aussi étaient
vaincues; mais, toutefois, avec des chances bien
différentes. Abd-al-Malek, que la tendresse pa-
ternelle n'avait exposé qu'au moindre péril,
après avoir contenu les Navarrais par sa seule
présence, les avait vus, comme tous les corps
auxiliaires, lâcher pied dès que l'action s'était
animée. Le jeune *Al-Modhaffer* ramenait dans
les rangs de sa cavalerie une longue colonne
de prisonniers, attachés par chaînes de cinquante hommes.

Pour les Castillans, ils avaient dignement
soutenu leur renommée de courage et de fidélité.
En voyant plier, sous l'effort des Arabes, la première ligne des Léonères, le vaillant comte
Garcia, pour leur porter secours, avait voulu
percer cette nuée de Berbères qui escarmou-
chaient autour de ses rangs et le tenaient éloigné du combat. De son côté, Solyman, mettant
à profit le mouvement du comte de Castille,

avait aussi commandé l'attaque. Une mêlée sanglante s'était engagée, comme au corps de bataille. Marchant à la tête de ses guerriers, et servant, du haut de son cheval, de point de mire aux archers ennemis, le téméraire Garcia tomba presque aussitôt sous leurs flèches; ses Castillans, restés sans général, s'étaient repliés sur le bord du Tormès, et gardaient, au milieu de leurs rangs pressés, le corps du comte expirant. Mais, dans cette position, la retraite leur était coupée; ils se trouvaient enveloppés de toutes parts. Tandis que les Berbères de Solyman occupaient la rive où s'était livré leur combat, les Arabes d'Al-Mansoûr revenaient de la poursuite des Léonères par la rive supérieure, et les Castillans se trouvaient enfermés dans un demi-cercle dont l'armée musulmane formait l'arc et le Tormès la corde. Cernés ainsi par toutes les forces ennemies, les soldats du comte ne pouvaient pas même essayer de franchir la rivière, car l'infanterie musulmane laissée à la garde du camp, ayant vu le résultat de la bataille, était

accourue sur la rive opposée, où elle présentait
un invincible obstacle au passage.

Al-Mansoûr, d'un signe de la main, retint ses
troupes qui s'apprêtaient, échauffées par le carnage, à fondre sur ce dernier débris de l'armée
chrétienne. Il voulait épargner tant d'hommes ;
il voulait, au lieu d'abreuver inutilement la terre
d'un sang généreux, donner des bras aux champs
de son pays, à ses vaisseaux, à ses mines, à ses
monumens. Un héraut partit pour sommer les
Castillans de rendre les armes, et leur promettre
la vie sauve. Debout sur une éminence, au milieu de son armée, Al-Mansoûr suivit des yeux
son messager, qui s'approcha d'eux, un rameau
vert à la main, et, s'arrêtant à quelque distance,
leur fit entendre les paroles de clémence dont il
était chargé. Les rangs des Castillans s'étaient
ouverts à son approche, et l'on put distinguer,
au centre de leur bataillon, le corps du comte
Garcia qui gisait mourant sur une litière formée
des lances de ses guerriers. Une confrérie de
moines, reconnaissables à leurs longues robes
brunes, l'assistait dans ses derniers instans.

La voix du héraut d'Al-Mansoûr était arrivée
jusqu'à lui. On le vit soulever avec effort sa tête
nue et pâle, que voilaient de longs cheveux sanglans; un mot sortit de ses lèvres, puis il re-
tomba sans vie sur sa couche, devenue son
cercueil. Aussitôt les moines qui l'entouraient,
élevant les bras au ciel, entonnèrent ces solennelles paroles: *Requiem æternam dona nobis,
Domine;* et tous les guerriers castillans, tombant
à genoux, les mains jointes, la tête inclinée, se
mirent à répéter en chœur les lugubres psalmo-
dies de l'office des morts. C'était leur réponse à
la sommation du héraut. Al-Mansoûr contem-
plait, dans un pieux recueillement, l'étonnant
spectacle qu'offraient ces victimes résignées du
devoir et de la foi. Ému de pitié, frappé d'admiration, il sentait couler ses larmes, au concert
lointain de ces martyrs qui priaient sur eux-
mêmes, et chantaient l'hymne de leurs funé-
railles.

Solyman s'approcha: « Fils d'Amer, lui dit-il,
pourquoi le signe de ta main n'a-t-il pas or-
donné déjà le châtiment de ces chiens maudits

dont les aboiemens nous bravent et nous insultent? »

« Fils d'Oqbah, reprit Al-Mansoûr, ne sais-tu point qu'il est écrit : « Celui qui tuera un homme sans en éprouver de violence, sera coupable du sang de tout le genre humain ; et celui qui sauvera la vie à un homme sera récompensé comme s'il l'avait sauvée à tout le genre humain?»

— Faites place, enfans d'Ismaël, faites place ; que ces Chrétiens vivent, et qu'ils bénissent le nom d'Allah, clément et miséricordieux ! »

En même temps, son bras étendu commandait aux Arabes de quitter la rive du Tormès, et ses légions obéissantes, reculant à petits pas comme les flots qu'une force invisible retire chaque jour des grèves de l'Océan, rendirent aux martyrs chrétiens le chemin de la vie et de la liberté. En voyant tout-à-coup s'ouvrir un passage au travers des escadrons ennemis, les Castillans crurent que le ciel accordait un prodige à l'âme déjà bienheureuse de leur chef expiré. Oubliant le péril, oubliant de combattre, ils se levèrent, dans la joie et dans la confiance d'une délivrance miraculeuse. Les moines prirent sur leurs épaules, comme une arche d'alliance, les reliques du saint comte, et tous les guerriers, sans interrompre leurs prières, se mirent en marche à sa suite, la tête nue, les armes basses, et rangés en un grand convoi.

Au moment où cette procession chrétienne commençait, spectacle inoui! à défiler devant les rangs immobiles des Arabes, une colombe, envolée du camp, et gagnant à tire-d'aile le haut minaret de la mosquée de Cordoue, allait annoncer au Khalyfe que son Hagib avait une fois de plus mérité le nom d'Al-Mansoûr.

LES ACADÉMIES.

Après sa victoire du Tormès , qui lui avait
ouvert l'entrée des provinces espagnoles; après
le sac de Toro, de Zamora, de Bragance et de
Tuy , dont elle fut suivie , Al-Mansoûr, ayant
licencié son armée à la fin de la campagne, était
rentré dans son palais de Cordoue. Un hiver
sans neige et sans frimas avait aussi rendu aux
habitations de cette capitale les familles nobles
qui se dispersent, pendant les saisons des fleurs
et des fruits, dans ce vaste damier de jardins
clos de haies d'aloës, qui s'étend depuis Cordoue
jusqu'à Médynat-al-Zorah , depuis la rive du
fleuve jusqu'au sommet des premiers coteaux
de la Sierra-Moréna. Tous les riches Arabes

avaient abandonné les travaux de jardinage et d'agriculture qu'ils se font gloire de diriger eux-mêmes avec le zèle éclairé que mérite la première des sciences. Ils étaient, pendant le repos de la nature, revenus aux sciences, moins utiles peut-être, mais plus brillantes et plus nobles, qui se cultivent au sein des cités. Al-Mansoûr comptait parmi ses devoirs les plus impérieux celui de favoriser le goût de ses compatriotes pour les travaux de l'intelligence, et de répandre parmi les nations diverses qu'il gouvernait au nom du Khalyfe, les lumières et les bienfaits d'une civilisation dont ne jouissaient encore que les tribus de noble race. Souvent il entrait à l'improviste dans les colléges et les *madrézahs*, se mêlait aux écoliers pour assister à leurs leçons, donnait des louanges aux maîtres, des prix aux élèves, et choisissait avec discernement parmi eux les *Khadys*, les *Mokrys* et les *Khatybs* (1).

Un jour, Al-Mansoûr sortit de bonne heure

____

(1) Les juges, les lecteurs et les prédicateurs.

de son palais d'Al-Ameria, tant de fois célébré par les poètes (1). Il avait quitté la somptueuse robe du Hagib, pour revêtir le simple manteau du savant (2), et, sans suite, sans escorte, n'ayant pour compagnie que ses deux fils Abd-al-Malek et Abd-al-Rhaman, il alla visiter les académies, qui, en l'élisant parmi leurs membres, avaient ajouté à tous ses titres, le titre dont il se glorifiait davantage.

Près de la porte d'Orient, au sommet de l'amphithéâtre de blanches maisons, qui tracent devant le fleuve des lignes de terrasses nivelées, semblables aux bancs superposés d'un cirque, s'élève, isolée au milieu des autres habitations, la demeure d'un Arabe noble et riche. Quatre ailes égales forment une cour carrée, sur laquelle

(1) Ahmed-ben-Mohammed Al-Mokéri a dit du palais d'Al-Mansour : « Les architectes qui l'ont bâti ont eu dessein de transporter à l'édifice les diverses qualités du prince. De sa poitrine ils ont fait la largeur du bâtiment, et, de l'éclat de son front, le jour brillant qui l'éclaire ; de sa renommée, ils ont formé le faîte, et de sa patience, les fondemens de l'édifice. »

(2) Le *Khalaa*, semblable pour la forme aux manteaux des universités anglaises.

s'ouvrent les fenêtres de tous les appartemens, car, sauf la porte d'entrée qui donne accès dans un assez long vestibule, les murailles extérieures ne sont percées d'aucune ouverture. L'étage supérieur forme, par son avancement sur les habitations de plain-pied, une galerie quadrangulaire que soutiennent des colonnes de marbre blanc. Au centre d'une mosaïque de marbre semblable dont la cour est pavée, jaillit une fontaine d'eau vive, qu'un épais bosquet de citronniers, de grenadiers et de myrtes ombrage de ses rameaux entrelacés. Quand l'été règne, cette cour est abritée, pendant toute l'ardeur du jour, par une toile immense suspendue à la hauteur des terrasses, et qu'un seul homme, au moyen de quelques poulies, peut étendre ou plier comme une voile de navire. Après le coucher du soleil, dès que la fraîcheur de la nuit invite à quitter les chambres closes et obscures qui servent de retraite durant le jour, on enlève ce *velarium* pour laisser pénétrer la brise du soir, on allume les lampes d'argent suspendues entre les colonnes de la galerie, et la famille arabe se réunit, avec ses amis et ses proches, dans cette espèce de temple domestique. Pendant l'hiver, il est abandonné. Un vaste salon le remplace, ouvert en face de la porte d'entrée, et de l'autre côté de la cour, qui devient alors son vestibule. Ce salon occupe l'aile centrale dans toute sa hauteur, et presque dans sa largeur entière. Il est pavé d'un damier d'albâtre, dont les carreaux sont séparés par des verges d'or. Les lames de marbre blanc qui revêtissent les murailles, et les lambris de bois de cèdre qui garnissent le plafond, sont entièrement couverts de ces petits ornemens ciselés en creux ou en relief, qui se croisent, qui se mêlent, qui se répètent à profusion, et qu'un poète arabe comparait ingénieusement aux mille traces confuses qu'une troupe de pigeons laisse sur la terre molle, en s'abattant au bord d'un fleuve.

C'est dans cette pièce d'honneur que le vieillard Mohhammed Abou-Amer Al-Moncarral réunissait les membres de l'Académie de l'histoire, qu'il avait fondée à Xativa dans les der-

nières années du règne d'Alhakem II, et trans-
férée depuis à Cordoue. Ses *convives au festin
de l'esprit* étaient assis, les jambes croisées, sur
les épais coussins d'un divan circulaire. Au
centre du tapis de Perse qui couvrait les dalles
d'albâtre de ses feuilles de laine, et de ses fleurs
de soie, un vaste poële d'airain répandait la douce chaleur des charbons allumés sous la cendre,
tandis qu'une fumée aromatique s'échappait de
quatre cassolettes d'argent, où brûlaient à la fois
l'encens, l'aloës, le musc et l'ambre. La salle,
en outre, était ornée de plusieurs vases élégans
où croissaient ces précieuses fleurs qu'on arrose
avec des eaux colorées pour leur donner de
plus riches nuances.

L'assemblée, que présidait le savant Ahmed-
ben-Mohhammed Abou-Beckr Al-Razy (1), auteur d'une histoire des Émyrs d'Espagne et
d'une description générale de Cordoue, avait
commencé son docte entretien, quand Al-Mansoûr parut avec ses fils. Les académiciens se

-----

(1) L'historien Rasi, mort en 991.

levèrent à sa vue , et s'inclinèrent devant le
Hagib, en portant la main gauche sur le cœur,
et la main droite sur le front. C'était à la fois le
salut de l'affection et celui du respect, le salut
qu'on offre aux amis, et celui qu'on rend aux supérieurs. Al-Mansoûr prit sa place à la suite
du dernier venu, et la conférence, un moment
interrompue par son arrivée, reprit aussitôt son
cours. « Fils d'Amer, lui dit Al-Razy , ton histoire fournira de nombreux chapitres au livre
qui nous occupe aujourd'hui. Nous voulons rappeler à la mémoire de nos fils les ruses de guerre
dont nos pères se sont aidés dans leurs saintes
entreprises. »

Un vieillard se leva, et dit : « Il est peu
de ruses plus ingénieuses que celle dont se ser-
vit le Chrétien Tadmir (1), dans le temps
où l'épée de nos guerriers, ouvrant un chemin
aux saintes paroles du Livre, apportait à l'Occident la lumière de l'Orient. Vaincu, comme le
roi Rodéric, abandonné des siens, il s'était en-

(1) Le comte Théodomir.

fermé dans les murs de Lorca, et voyait déjà la poussière de la plaine s'élever sous les pas des cavaliers d'Abd-al-Azyz. N'ayant plus d'hommes d'armes pour défendre les remparts de sa dernière place, il y fit ranger les matrones et les vierges, qui avaient croisé leurs longs cheveux sur les lèvres et sous le menton pour imiter la barbe des guerriers. Il sortit alors, comme un général qui offre la paix ou la guerre, et, au lieu de régler sa rançon, il fit un traité d'alliance. Le généreux fils de Mouza admira l'esprit du Chrétien, et lui laissa le gouvernement de la contrée ; c'est celle que nous appelons depuis *Terre de Tadmir* (1).»

Quand le vieillard se fut assis, après avoir conté cette aventure, transmise, comme les paroles d'un talisman mystérieux, des aïeux aux petits enfans, un autre membre se leva, et dit : « Au fils de Mouza devait plaire, en effet, la ruse du Chrétien, car c'était par une ruse semblable que son père avait pris, sans mort et

_____

(1) La province de Murcie.

sans blessure, la grande ville de Mérida, dont ses soldats n'auraient pu envelopper les murailles, en se rangeant tous à l'entour comme les perles d'un collier. Les envoyés de la ville se rendirent dans sa tente pour lui proposer des conditions de paix. Ils trouvèrent le vénérable Emyr avec une grande barbe d'argent, telle que lui avaient faite les années de sa longue vie et les fatigues de ses innombrables combats. Mouza promit sa réponse pour le lendemain, voulant, disait-il, prendre conseil de la nuit. Dans l'intervalle, il accourcit sa barbe et la teignit en noir; il peignit de rose ses lèvres et ses joues, et quand les envoyés revinrent au matin, ils eurent peine à reconnaître, dans le jeune homme au frais visage qu'ils voyaient devant eux, le vieillard blanchi qu'ils avaient quitté la veille. « Rendons-nous, dirent-ils à leurs frères en retournant dans la cité ; comment pourrions-nous résister à des hommes auxquels le ciel a donné le pouvoir de rajeunir ? »

Un troisième académicien prit la parole. « En vérité, dit-il, Mouza, fils de Nossaÿr, ce héros, gloire du Hedjaz , méritait de commander aux vainqueurs du Maghréb et de l'Andalousie, moins par la grandeur de son courage que par celle de son esprit. Quand il eut abattu sous son glaive, avec la force du lion , toutes les tribus berbères , ne fallut-il pas employer la prudence et l'adresse du serpent pour déraciner de leur entendement les vieilles idolâtries, pour y substituer la lumière de l'Islam, pour faire, de ces indomptables ennemis, les soldats de sa propre armée? Et quand il résolut de passer, avec leur secours, le détroit du mont de Thârik(1), et de donner l'Europe au chef des croyans, après lui avoir donné l'Afrique, n'était-ce point par une espèce de ruse qu'il peignait au Khalyfe Walyd cette terre inconnue comme « supérieure à la Syrie (2) pour la beauté du ciel et de la terre; à l'Arabie heureuse (3) pour la douceur du climat; aux Indes (4) pour ses fleurs et ses

(1) *Gébal-Thâriq*, Gibraltar.

(2) *Scham* ou *Schamah.*

(3) *Yémen.*

(4) *Hind* ou *Hindoustán.*

parfums ; à l'Égypte (1) pour ses fruits ; à la Chine (2) pour ses métaux précieux » ?

Al-Moncarral s'étant levé, dit à son tour : « Sans doute, cette peinture de notre Andalousie (3) était propre à toucher le cœur du chef des croyans, comme celle que faisait autrefois de la terre promise, Moïse, le sauvé des eaux, pour arracher les fils de Sion à l'esclavage des filles idolâtres de Memphis ; mais je préfère la description que le vainqueur d'Alexandrie, Amroû-ben-Alâs, envoyait au Khalyfe Amer (4) de la terre conquise par ses armes. La voici , telle que l'a retenue ma mémoire , quand j'ai lu le livre d'Abou'l-Faradj, le grand historien : « Chef des croyans, l'Égypte est une masse de terre noire et de plantes vertes, située entre une montagne pulvérisée et une plaine de sable rougeâtre. La distance de Syène à la mer est celle que peut parcourir un homme à cheval en trente

(1) *Misr.*

(2) *Syn.*

(3) Les Arabes appelaient *Andaloûs* l'Espagne entière.

(4) Appelé Omar par les Turcs.

jours. Du fond de la longue vallée, coule une source abondante, sur laquelle reposent, de nuit et de jour, les bénédictions du Très-Haut, et qui s'élève et s'abaisse périodiquement, comme le pouls de l'homme, selon les révolutions des deux plus grands astres du firmament. Quand la sagesse de la Providence ouvre annuellement les caisses de cristal qui alimentent les canaux du Nil, ceux-ci ne suffisent plus à contenir les trésors qu'Allah leur dispense. Alors le fleuve, orgueilleux comme le vainqueur de cent batailles, se répand dans les campagnes submergées. Les habitans des cités et des villages communiquent entre eux dans des barques peintes qui ressemblent, en coupant les ondes, à des bouquets de fleurs printanières apportés par les brises qui rafraîchissent les bosquets du paradis. En se retirant, la lymphe bienfaisante dépose un épais limon qui recèle les germes de la richesse de l'année. La multitude des laboureurs qui se répandent alors dans la plaine, peut se comparer aux essaims d'abeilles qui nichent dans les troncs des cèdres du Liban. Le fouet du fermier et l'espérance d'une abondante récolte les éveillent de leur indolence naturelle. Rarement leur espoir est déçu ; mais les riches-ses qu'ils tirent du blé, de l'orge, du riz , des légumes, des vergers et des troupeaux, se parta-gent avec une injuste inégalité entre ceux qui travaillent et ceux qui possèdent. Enfin, suivant les vicissitudes des saisons, la face du pays se couvre de l'argent des ondes, de l'émeraude des herbes et de l'or des épis. »

« Cet Amroû, fils d'Alâs, dit, en se levant, un jeune homme placé près d'Al-Moncarral, dont il était le gendre, passe généralement pour être né dans la tribu de Koraïsch, la plus noble des tribus, puisqu'elle a donné le jour au Prophète de Dieu. C'est une erreur. J'ai trouvé, dans le livre des généalogies d'Ismaël-ben-Aly , qu'Am-roû a pris naissance dans la tribu de Kaÿs, celle de mes pères, celle qui adorait l'étoile Al-Sha-raÿ-Al-O'bour (1), avant que Mahomet lui eût révélé le nom du vrai Dieu. Il faut donc l'appe-

____

(1) Syrius.

ler dorénavant Amroû-ben-Alâs Al Kaÿsy. »

« Jeune homme, reprit un petit vieillard courbé par les années, j'approuve ta parole, et je rends hommage à ta science. Persévère dans le droit chemin. En vérité, je vous le dis ; si l'on n'y prend garde, bientôt les familles seront mêlées et les tribus confondues comme les races de chiens qui gardent les troupeaux du Kaïrwan. A peine connaîtra-t-on le nom de son père et de son aïeul ; à peine saura-t-on de quel nom générique faire suivre son nom, et quels hommes, au milieu d'une multitude confuse, les lois du sang nous obligent d'aimer ou de haïr. Chacun veut être le rameau sorti d'une souche illustre. Il n'est point de Berbère, fût-il né dans les vallons des monts Daren, qui ne place son berceau sur les bords du Nil ; point d'Égyptien qui ne se dise enfant du Hedjaz ; point d'Arabe qui ne se donne pour descendant, par lignée mâle, de l'un des dix compagnons du Prophète. Il en est des races de chevaux comme des races d'hommes : beaucoup d'étalons et de cavales n'ont pas de fi- liation prouvée des deux parts au-delà de quatre générations, et, si l'on en croyait les marchands de bestiaux, chretiens et juifs, il n'est pas un seul poulain dressé pour les joûtes, s'il porte une étoile blanche au front, ou s'il a l'épi des reins haut placé, qui ne descende du cheval Al-Aawadj (1). Heureux quand ils ne le donnent point pour un fils d'Haïsoum, la jument de l'ange Gabriel, ou d'Al-Borak, la jument du Prophète, celle qui avait dix paires d'ailes, une tête de femme et une queue de paon. »

Les lamentations du bon vieillard, qui déplorait avec tant d'amertume la décadence des études généalogiques, avaient emporté l'assemblée si loin de son premier sujet, qu'Al-Mansoûr, ayant quitté sans bruit l'Académie des historiens, se dirigeait vers celle des Al-Koranistes.

Cette Académie, qui comprenait deux sciences inséparables chez les Musulmans, la théologie et la jurisprudence, avait été fondée à Cordoue par l'Imam Al-Kâsem - ben - Al-Raby, homme

---

(1) *Le Tordu*, nom d'un cheval trés célèbre, qui fut ainsi nommé, parce qu'ayant été blessé et mis dans une litière sur un chameau, il s'y rompit une vertèbre du dos.

pieux et docte, *qui savait le Koran par cœur.*
Ses membres s'assemblaient à la grande mosquée, dans une vaste salle commune, que l'on
pourrait comparer au parloir d'un couvent, autour de laquelle étaient disposées les cellules uniformes des desservans du temple. Parmi tous
les assistans qui se pressaient sur un double
rang de coussins, on distinguait, aux couleurs
variées de leurs vêtemens, un assez grand nombre de séculiers et même d'hommes de guerre.
Toutefois les longues robes blanches, communes
aux deux ordres de cléricature, les prêtres et les
juges, occupaient la plus grande partie des places. A l'extrémité de la salle, après le dernier
Imam et le dernier Khady, on voyait un petit
groupe d'hommes, se tenant humblement debout, enveloppés dans des sacs de laine grossière
qu'une corde ceignait sur leurs reins. C'étaient
des Fakys (1) ascétiques, ces austères observa-
teurs de la prière et du jeûne, qui, vivant toute

(1) *Faky*, pauvre, vivant dans la pauvreté.

leur vie comme Ayoub (1) dans sa misère, se
font les pénitens du genre humain. Le *Khatyb*
de l'Aljama présidait l'assemblée. Il avait devant lui, sur une table basse, un ancien exem-
plaire du Koran, soigneusement enfermé dans
une châsse d'or. Aux quatre angles du livre, et
dans de riches reliures, étaient placés, comme
les satellites d'un astre, les commentaires des
quatre Imams, Azam-Abou-Hanifé, Schafiy,
Malik et Hannbel, dont les paroles sont vénérées
presqu'à l'égal de celles du Prophète, et font loi
dans le silence du Livre (2).

Lorsque Al-Mansoûr entra dans la salle, et
reçut, comme à l'Académie des historiens, le
salut de tous ses collègues, un des membres
était debout. Poète religieux, il soumettait aux
lumières de l'assemblée diverses prières, que le
Khalyfe, après cette épreuve, devait admettre
dans la liturgie. « La première, dit-il, est une
prière pour les morts. En arrivant au lieu de la

(1) Job.

(2) Leur doctrine est celle des *Sunnites*, ou orthodoxes.

sépulture, l'Imam, conducteur du convoi, se tournera vers l'Orient, et dira : « Gloires soient données à Dieu qui tue et ressuscite. De Dieu vient toute grandeur ; il est puissant sur toutes choses. Seigneur, bénis Mahomet et ceux de Mahomet. Celui-ci est ton serviteur ; tu l'as créé, tu l'as nourri, et tu le ressusciteras. Tu sais ses secrets et ses actions publiques. Nous venons te prier pour lui. Pardonne-lui, Seigneur, honore sa demeure, élargis sa fosse, lave ses taches et péchés, donne-lui un séjour meilleur que son séjour, une compagnie meilleure que sa compagnie. Seigneur, s'il est bon, augmente son repos, et s'il a manqué à ton service, pardonne-lui des fautes contre lesquelles tu sais bien qu'il n'a pas eu le pouvoir de se défendre. Affermis donc sa langue, et donne-lui courage au temps de la *demande de la fosse*, pour qu'il échappe aux peines du *Djhanâm*. » Puis, en descendant le cercueil dans la terre, l'Imam ajoutera : « Notre frère laisse le monde pour retourner à toi ; reçois-le, Seigneur, et couvre-le de ta miséricorde. »

« L'autre prière, continua le poète, est destinée aux processions qui invoquent le ciel contre le fléau de la sécheresse. Pendant la sainte promenade au travers des champs, le peuple entier répondra au signal de son guide, en disant : « Seigneur miséricordieux, tu nous a créés de rien, et tu connais nos fautes ; mais ne veuille pas nous détruire. Seigneur, use de pitié envers tes créatures innocentes, les animaux des champs et les oiseaux du ciel, qui ne trouvent point à manger. Vois la terre que tu as créée et les plantes qu'elle produit fanées par le manque d'eau. Seigneur, ouvre-nous tes cieux, rends-nous tes vents, rends-nous tes pluies, et envoie tes trésors de miséricorde pour rafraîchir, arroser et vivifier la terre morte et ses plantes qui nourrissent tes créatures. Que les infidèles ne disent point qu'Allah n'écoute pas ses croyans. Seigneur, nous t'adorons, nous croyons en toi, et nous espérons de toi le pardon de nos fautes et le remède à nos maux. »

Aussitôt que l'assemblée eut approuvé d'une commune voix les prières qu'elle venait d'entendre, le *Khatyb* appela l'Imam, directeur de la *Madrézah* : « Sage Mohhammed (1), lui dit-il, donne-nous lecture de l'*Abrégé de la foi* que tu as composé pour l'instruction des jeunes âmes qui marchent sous le signe de ton doigt dans le chemin de la vérité. » L'Imam s'étant levé, tira de sa manche un manuscrit dont il déroula les longues feuilles, et commença de la sorte :

« Nos docteurs ont écrit que lorsque les bienheureux seront assis aux tables célestes, des oiseaux au plumage d'or et d'azur viendront voltiger sur leurs têtes; ceux d'entre ces oiseaux qu'ils voudront choisir, tombant aussitôt sur leurs assiettes, comme s'ils quittaient la broche du cuisinier, leur offriront le régal d'une chair exquise, et, reprenant leur vol dès qu'ils seront mangés, iront rejoindre, pleins de vie, la troupe immortelle. Cette parabole explique les mérites du Livre. Ses saintes paroles se présentent sans cesse au choix des croyans; chacun peut en prendre sa part; chacun peut s'en rassasier, sans en

______

(1) Mohammed-Al-Berkévy.

perdre le goût, et sans altérer jamais cette immortelle nourriture des âmes. Le Koran est la
parole, le verbe de Dieu; il est incréé, il est
éternel. Il contient les histoires du passé, les lois
du présent, les prédictions de l'avenir. Le Très-
Haut s'est manifesté aux hommes par la voix
des cent vingt-quatre mille prophètes qu'il leur a
successivement envoyés, depuis *Adem*, le premier d'entre eux, jusqu'à *Mohhammed* (1), le
dernier et le plus parfait de tous. Toutes les lois
qui ont été faites, sont les lois de Dieu; toutes
les paroles qui ont été dites, sont les paroles de
Dieu. *Mouza*, l'allocuteur de Dieu, a raconté la
naissance du monde, la création des êtres en
six jours, la chute d'Adem et de Hawah, le
meurtre d'Abyl par Cabyl, et la délivrance de
Noâh sauvé du déluge. Mais Allah n'avait point
dit à *Mouza* tous ses secrets; il ne lui avait point
révélé la vie éternelle, et le jugement des âmes
au dernier jour. Il fallait que les hommes,
comme des enfans dont la langue balbutie des

____

(1) Mohhammed veut dire *illustre, recommandable.*

syllabes imparfaites, fussent conduits pas à pas dans le sentier des vérités célestes. Les Juifs, ignorant les peines et les récompenses du monde futur, oublièrent bientôt le nom d'Allah, et adorèrent le veau d'or, auquel Yblis (1), pour les tromper, avait donné le don de mugir. »

Ici l'Imam fut interrompu dans sa lecture par la voix d'un assistant, qui s'écria : « Si le veau d'or mugissait, c'est parce qu'Al-Borak, en galopant, lui avait fait voler de la poussière dans la bouche. »

L'Imam reprit : « *Issa*, l'esprit de Dieu, vint ensuite apprendre aux mortels que la mort n'est point la mort, mais le commencement de la vie. Etonnés de cette croyance sublime, les hommes firent un Dieu du fils de la Vierge. Allah, l'unique, l'éternel Allah, devint père et fils, il eut des compagnons, et les plus grossières idolâtries obscurcirent l'entendement des sectateurs de l'*Engil* (2). Alors Allah suscita son prophète.

(1) Le Diable.

(2) Évangile.

Mohhammed reçut tous les secrets du Très-Haut, et les transmit aux hommes. Il est l'esprit, le Paraclet (1) prédit par *Issa;* après lui, le Livre de la science est à jamais fermé. *Issa* n'était pas venu détruire, mais accomplir la loi de *Mouza ;* l'élu de Dieu, l'ami de Dieu, celui qui a reçu quatre-vingt dix-neuf surnoms, autant que Dieu possède d'attributs, n'est pas venu détruire, mais accomplir les deux lois. L'Islam n'est que la reconnaissance de l'unité de Dieu, la destruction de toute idolâtrie, la croyance en la vie et la prédestination éternelles. »

Après ce préambule, le livre d'Al-Barkévy contenait, sous la forme de demandes et de réponses, l'explication de tous les dogmes qui composent la religion musulmane. Comme la lecture de l'ouvrage entier n'aurait point fini avec la dernière heure du jour, l'Imam se contenta de citer quelques fragmens pris au hasard, afin de prouver à l'assemblée qu'il avait su éviter les égaremens des controversistes et des

____
(1) *Al-Faraclitha.*

novateurs, en restant toujours dans la voie droite.

« Quelle est la profession de foi du croyant? — Il n'y a de Dieu que Dieu, et *Mohhammed* est le prophète de Dieu. Je crois en Dieu, en ses anges, en ses livres, en ses prophètes, au dernier jour du jugement et à la prédestination divine. »

« Quelles sont les colonnes de l'Islam? — Il y en a cinq: la foi, la prière, le jeûne, l'aumône et le pèlerinage à *Mekkah*. »

. . . .

« Comment se divise le Koran? — Il forme 114 sourates et 6,666 versets. »

« Comment Dieu l'envoya-t-il au Prophète? — Par son messager, l'ange Gabriel, qui l'apporta du septième ciel, verset par verset, dans l'espace de vingt-trois années. »

« Combien de fois le messager de Dieu est-il apparu aux prophètes? — Douze fois à *Adem*, quatre fois à *Edris* (1), cinquante fois à *Noah*, quarante deux fois à *Ibrahym*, quatre cents fois

(1) Ou *Akhnokh*, Énoch.

à *Mouza*, dix fois à *Issa*, et vingt-quatre mille fois à *Mohhammed*. »

. . . .

« Combien de degrés le Seigneur a-t-il mis dans les récompenses et dans les peines? — Il y a huit degrés de béatitude en paradis, et sept degrés de souffrances en enfer, car la justice de Dieu est plus miséricordieuse que vengeresse. »

« Quel sera l'asile des croyans qui périront à la guerre après s'être enrôlés contre la volonté de leurs parens? — Ils ne seront point punis, parce qu'ils sont martyrs; ils ne seront point récompensés, parce qu'ils ont désobéi. Ils se tiendront sur le mur *Al-Araf*, qui sépare le paradis de l'enfer; ils reconnaîtront les élus et les réprouvés; ceux-là, à l'éclat de leurs fronts; ceux-ci, aux ténèbres répandues sur leurs visages. »

. . . .

« Combien de femmes le ciel a-t-il données à la terre? — Quatre: la fille de *Faraoun*, qui a sauvé *Mouza*; la vierge *Maryem* qui a enfanté

Issa; Kadidjah et *Fatymah*, femme et fille de *Mohhammed*. »

. . . .

« Dans quel ordre se font les ablutions? — Dans l'ordre suivant : les mains, le visage, les bras, la tête et les pieds. Les ablutions commencent par la droite, et se font sans interruption, c'est-à-dire qu'une partie ne doit point être sèche quand l'autre commence à se mouiller. »

« Si l'eau manque, avec quelles substances les purifications peuvent-elles être faites? — Avec le sable, la terre, la poussière, la chaux, la pierre, la cendre, l'émeraude, le corail, l'étain et le cuivre. »

Lorsque Al-Barkévy eut achevé les citations de son catéchisme, un autre Imam se leva, et s'adressant au *Khatyb :* « Gloire de la chaire, lui dit-il, je voudrais appeler les lumières de l'assemblée sur le grave objet de controverse qui divise en ce moment tous les gardiens de la foi, et que pourra seul trancher, par sa décision souveraine, le successeur du Prophète. De tous temps, nos pères ont composé, avec le jus des dattes exprimé dans l'eau, une boisson douce et rafraîchissante. Aujourd'hui, plusieurs de ceux qui abusent de leur science pour renoncer à l'innocence primitive, au lieu d'employer les dattes telles que le palmier les livre à la main de l'homme, les entassent dans des coffres privés d'air, et, quand ces fruits commencent à tomber en pourriture, ils les écrasent sous une meule de moulin, et font de leur suc une liqueur âcre et mordante, qui enivre comme la liqueur de la vigne. On l'appelle *Nébidh*. Les gardiens de la foi peuvent-ils tolérer cette innovation? En un mot, le *Nébidh* est-il une boisson permise ou prohibée? »

A cette question, un des assistans se leva pour donner son avis. C'était un initié de l'ordre des *Rhabyts*, de ces chevaliers voués par serment à la garde des frontières, qui partageaient leur vie entre la pratique des armes et l'austère accomplissement des préceptes du culte. « Le Livre, dit-il, va nous donner sa lumière. Voici comme il s'exprime : « O croyans!

le vin, les jeux de hasard, les statues et le sort des flèches, sont une abomination inventée par Satan. Abstenez-vous-en, de peur que vous ne deveniez pervers. » Ces paroles sont claires ; elles défendent non-seulement, comme le prétend Djélal-Eddin, l'excès du vin ou l'ivresse, mais, suivant l'avis de Yahiâ et des commentateurs les plus éclairés, tout usage intérieur du vin, qu'il soit blanc comme le *Sahbâ,* ou rouge comme le *Ghamar.* Telle est ma croyance. Mais vous savez, ô mes frères, et tous les anciens docteurs l'ont répété, que le silence du Prophète est un consentement. Dieu lui-même a dit dans le Livre : « Ils te demanderont ce qui leur est permis ; réponds-leur : Tout ce qui n'est pas défendu. » Le jus de dattes n'ayant point encouru l'anathème du Prophète, je crois qu'il est permis à ses disciples de s'en abreuver, comme il leur est permis de se rassasier des viandes qui ne sont point déclarées immondes. »

Le Rhabyt s'étant assis, après avoir prononcé ces mots, un des Fakys ascétiques s'avança lentement au milieu de la salle, fit une inclination profonde, éleva ses mains étendues à la hauteur de ses joues qu'il touchait du pouce, et répondit en ces termes : « Le Livre contient tout; mais il faut savoir extraire, avec un cœur pur et un esprit droit, le vrai sens de ses paroles. Mon frère, qui vient de parler, n'a cité que les premiers mots de l'anathème contre le vin et les jeux du sort. S'il eût cité le verset tout entier, il aurait connu la volonté d'Allah. Voici la fin de ce verset : « Le démon se servirait du vin et du jeu pour allumer parmi vous les dissensions, et vous détourner du souvenir de Dieu et de la prière. » Le jus des dattes peut-il enivrer? S'il enivre, peut-il allumer des dissensions parmi les croyans? Peut-il les détourner du souvenir de Dieu et de la prière? Il est dès-lors réprouvé comme le vin. Je crois donc que celui d'entre nos frères qui boit du *Nébidh*, se rend semblable au Khalyfe Walyd-ben-Yézyd, ce contempteur des saintes lois, qui se baignait dans le vin, au lieu de se baigner dans l'eau de roses; je crois, avec Mohammed-ben-Abou-Hamyd, que Dieu détournera, pendant quarante jours, ses regards du coupable; que, s'il s'est enivré, le Seigneur ne recevra son repentir qu'après quarante autres jours, et que, s'il meurt dans cet espace de temps, il sera traité comme les idolâtres. Quiconque soutient le contraire, mérite d'être compté parmi les Ismaÿlites, ces voluptueux impies, qui croient au nombre sept, et font un septième prophète de celui qui leur enseigna secrètement cette détestable doctrine : « *Rien n'est vrai, et tout est permis* (1).

Le *Rhabyt* prit de nouveau la parole, et répondit : « Si le vin de dattes est prohibé, il faut défendre également l'*herbe des Fakys*, car sa graine, mon frère le pauvre, dont les tiens font si grand usage, depuis que le Scheïk Haïder

---

(1) Les Ismaÿlites, hérésiarques puissans, qu'on pourrait comparer aux Épicuriens, s'ils n'eussent mêlé le crime à la débauche, disaient qu'il y a sept cieux, sept terres, sept planètes, sept couleurs, sept sons, sept métaux et sept prophètes parlans, Adem, Noah, Ibrahym, Mouza, Issa, Mohhammed et Ismaÿl.

leur en a montré les vertus, donne une gaîté
bien voisine de l'ivresse (1). »

(1) L'*herbe des Fakys* est le chanvre (*konnab*); ses feuilles et sa
graine, qu'on nommait *haschischat-al-fokara*, se mangeaient grillées
ou mêlées avec du sucre, du miel, de l'opium. On en faisait aussi
une boisson. Voici des vers du poète Ahmed-Halébi sur *l'herbe des
Fakys* :

« Telle jeune beauté à la taille légère, que j'avais toujours vue
prête à prendre la fuite, et dont jamais le visage ne s'était offert à
mes regards qu'avec les traits farouches d'une fierté cruelle, »

« Je l'ai rencontrée un jour avec un visage riant, une humeur
douce et facile, et toutes les grâces d'une société pleine de douceur
et de charmes. »

« Après avoir obtenu d'elle tout ce que je désirais, je lui ai té-
moigné ma reconnaissance de ce qu'à tant de rebuts avait enfin succédé un accueil favorable. »

« Tu n'en es pas redevable, a-t-elle répondu, au caractère que j'ai
reçu de la nature. Rends grâce à celui qui t'a concilié mes faveurs,
le vin de l'indigent. »

« C'est l'. *haschischa*, herbe de la joie, qui intercède auprès de nous
pour les amans malheureux, en dilatant nos âmes, et les rendant ainsi
accessibles au plaisir. »

« Veux-tu te rendre maître, à la chasse, d'une jeune et timide gazelle, aie soin qu'elle paisse le feuillage du chanvre. »

Un autre poète a dit du *haschischa* : . Le pauvre, quand il en

Les membres de l'assemblée se divisèrent entre l'opinion du Rhabyt plus tolérant, et celle du Faky plus austère. Voyant la querelle s'échauffer, Al-Mansoûr, qui n'aimait rien moins que la vaine dépense du temps et le vain emploi de la langue, quitta brusquement l'Académie des théologiens pour se rendre à l'Académie des savans.

Des soixante-dix bibliothèques publiques que les Khalyfes d'Espagne ont établies dans leur empire, la plus considérable est celle de Cor-

prend seulement le poids d'une drachme, lève une tête superbe au-dessus des Émyrs. »

Le *Vieux* ou *Seigneur de la Montagne* (*Scheïk-al-Djébal*), pour encourager ses fanatiques sectaires au meurtre et au martyre, leur donnait des pastilles de *haschischa*. De là leur vint le nom de *Haschischyn*, que les Européens ont traduit par *Assassins*, et qui, après avoir servi à dénommer ces enthousiastes furieux, est devenu synonyme de meurtrier.

L'usage de la liqueur de *haschischa* s'est conservé jusqu'à nos jours en Égypte, où il produit les mêmes effets. Pour mettre l'armée française à l'abri du fanatisme musulman, après le meurtre de Kléber, le général Menou, par un arrêté du 17 vendémiaire an 9, prohiba l'usage de cette liqueur, et défendit de fumer la graine du chanvre.

doue. Là, se trouvent rassemblés tous les ouvrages de science ou d'imagination qu'ont écrits
ou traduits les Arabes, depuis que la passion de
savoir a remplacé pour eux celle d'acquérir, depuis qu'à l'ardeur du prosélytisme et de l'agrandissement a succédé le goût du travail et des
conquêtes de l'esprit. Les voyages d'instruction
qu'entreprennent, comme par une sorte d'observance, tous les hommes qui se vouent au culte
des lettres, et les missions entretenues par le
Khalyfe dans toutes les villes de l'Asie, pour lui
transmettre les livres des écrivains et les découvertes des savans, ont successivement ajouté aux
œuvres des Arabes andalous, les œuvres des
Arabes syriens, de façon que toutes les richesses propres ou d'emprunt que possède la langue
de Mahomet se trouvent réunies comme en un
grand et général trésor. Traités sur toutes les
sciences, agriculture, astronomie, mathématiques, médecine, chimie, musique; commentaires sur toutes les questions de théologie et de
jurisprudence; livres sur tous les sujets, histoires, voyages, romans, discours; puis, enfin,

l'immense recueil des poésies d'une nation qui fit des vers avant de savoir écrire, chez qui la mémoire et la tradition tinrent long-temps lieu de la plume et du papier, pour laquelle le rhythme et la rime sont si pleins à-la-fois de facilité et de charmes, que les entretiens les plus familiers sont souvent semés d'improvisations poétiques (1) ; toutes ces œuvres si diverses , graves ou légères, fruits du travail ou du loisir, faites pour l'étude ou la distraction, et dont le nombre est tel que leur seul catalogue remplit quarante-quatre volumes de cinquante feuilles (2); toutes ces œuvres sont rassemblées dans les immenses galeries d'un seul édifice.

C'est le palais Méroûan, le plus riche et le plus

(1) *Hammad*, le conteur, se vantait de pouvoir réciter par cœur, *sur la rime de chacune des lettres de l'alphabet*, cent poëmes arabes du temps du paganisme, sans compter une foule de petites pièces et de grands ouvrages des poètes arabes musulmans.

(2) Un autre fait pourra donner une idée de la richesse des bibliothèques arabes. Des *vingt-trois* ouvrages connus de Makrizi, celui qui porte pour titre : *Collection de choses utiles et sources d'observations importantes* , contient lui seul quatre-vingts volumes.

vaste des palais de Cordoue, celui qu'habitaient les Khályfes avant qu'Abdérame III fît élever la demeure enchantée de Médynat-al-Zohrah , qui renferme cette inestimable collection. Là , sont rangés les livres, dans un ordre si parfait, que chaque salle représente une science et en porte le nom. C'est aussi dans le palais Méroûan, parmi les ouvrages de leurs devanciers et de leurs contemporains, que se réunit l'Académie des savans. Cette Académie n'eut point, comme les deux précédentes, un fondateur particulier. Dès que les Arabes, maîtres de la Syrie, et touchant aux possessions des Grecs de Byzance, eurent commencé à comprendre l'importance et le charme des travaux de l'esprit , sentant aussi les avantages de l'association , ils firent en commun les premières études et les premiers progrès (1). Mais comme le domaine de la

(1) Voici ce que dit Hadji-Khalfa sur le mot *Amali* ; « Ce qu'on entend par-là , c'est qu'un savant est assis, ayant autour de lui ses disciples avec des écritoires et du papier. Le savant dit ce que Dieu permet qu'il lui vienne à l'esprit au sujet d'une science, et ses disciples l'écrivent. Il se forme de cela un livre qui se nomme *Imla* ou

science est sans bornes, ces associations de disciples survécurent à leur objet originaire; elles s'étendirent avec les lumières acquises, et devinrent peu à peu, sous le patronage de princes éclairés, des corps permanens qui se renouvelaient par élection, travaillaient de concert, et mettaient leur savoir en société. L'origine des académies en Orient se confond, comme celle des études, avec la conquête. Elles existaient sous les Khalyfes Ommyades ; elles étaient célèbres sous les premiers Abbâsydes Haroun-al-Raschyd et son fils le grand Al-Mamoûn. En Espagne, les académies s'établirent aussitôt qu'y eut pénétré la culture des sciences; elles y grandirent comme les sciences elles-mêmes, et luttèrent bientôt avec celles de l'Asie, de mérite et de célébrité. Séville et Cordoue étaient fameuses au même titre que Bagdad, Basrah et Koufah.

Al-Mansoûr, en pénétrant dans le palais

Amali. Voilà comme avaient coutume de faire les anciens..... » C'est précisément ce qui se passait, parmi les Grecs, au Portique, au Lycée, à l'Académie.

Méroûan, se dirigea vers une vaste rotonde, placée au centre des galeries, et dont l'entrée, suivant l'usage, se faisait reconnaître par une inscription. On lisait sur le fronton de la porte de marbre, cette parole d'Aly-ben-Abou-Taleb, dont les sentences furent aussi célèbres chez les Arabes que les proverbes de Salomon l'avaient été chez les Juifs : « *L'Académie des savans est un des prés du paradis.* » Sous cette espèce d'invocation, s'ouvrait la salle d'assemblée. Cette salle, où la lumière descendait par une seule ouverture pratiquée au sommet de la voûte, était ornée dans un style à la fois sévère et magnifique. Au dessus des coussins en velours rouge occupés par les membres de l'Académie, s'étendait à l'entour de la muraille circulaire un triple rang de rayons en bois de cèdre ciselé, sur lesquels étaient rangés les plus précieux ouvrages de la vaste bibliothèque, ceux qu'on appelait les *Perles du trésor de l'esprit.* Dans ce nombre, il n'y avait que peu de livres arabes ; le Koran d'abord, qui n'est pas seulement la plus sainte des croyances et la plus pure des morales, mais qui est aussi la plus sublime des poésies ; après le Koran , les ouvrages que la tradition avait pu recueillir des poètes antérieurs à Mahomet, tels que Schanfara, Nabéga, Ascha, Maïmoun , Zohéïr, Amrialkaïs et la célèbre Thomadhyr, les sept *Moallakas*, *les suspendus*, ainsi nommés parce qu'on avait appendu leurs vers aux murailles intérieures de la *Kaabah*, comme des inspirations divines (1). Tout le reste était des œuvres de l'ancienne Grèce et de

(1) On les nommait aussi *Al-Modhahébat*, ou les *dorés*, parce que leurs œuvres étaient écrites en lettres d'or sur du papyrus d'Égypte.

Parmi ces anciens poètes, Schanfara mérite une mention spéciale. Son nom veut dire *qui a de grosses lèvres*. Il était de la tribu d'Azd, et passait, non-seulement pour le premier poète, mais aussi pour le meilleur coureur et le plus habile archer de toute l'Arabie. On raconte qu'il avait juré de tuer cent hommes de la tribu de Bénou-Salaman , ennemie de la sienne. Il en tua quatre-vingt-dix-neuf à coups de flèches, en disant à ceux qu'il rencontrait : *A ton œil.* Les Bénou-Salaman lui tendirent des embûches, le prirent et le mirent à mort. Mais l'un d'eux lui ayant donné un coup de pied sur le crâne, se blessa avec une esquille d'os, et mourut de cette blessure ; ce qui compléta les cent morts, et accomplit le vœu de Schanfara. On peut voir, dans la *Chrestomathie arabe* (tome 2, page 337), son beau poëme intitulé : *Lamiyyat-Alarab.*

l'ancienne Rome. Les manuscrits grecs, source où les Arabes puisèrent tous les germes de leurs connaissances, se trouvaient surtout en grand nombre. Les uns, plus rares et plus recherchés, venaient de Constantinople, où les copistes avaient créé une vaste branche de commerce exploitée surtout avec les pays musulmans. De ces manuscrits, et parmi les plus anciens, quelques-uns recevaient des savans-arabes comme un culte de vénération, parce qu'ils étaient à la fois les plus glorieux trophées et les premiers maîtres de leurs aïeux. La conquête de ce précieux butin remontait au temps où le grand Al-Mamoûn, vainqueur de l'empereur Michel III, ayant imposé pour prix de la paix un tribut de livres grecs, ouvrit d'un seul coup à sa nation tous les trésors de l'antiquité. Les autres manuscrits, ouvrages des copistes arabes, étaient tracés sur de longues feuilles de papier de soie, unies, luisantes comme le satin, et leur texte, écrit en lettres noires, parmi lesquelles brillait le vif carmin des titres et de la ponctuation, était encadré dans des ornemens peints avec de si brillantes couleurs qu'on pouvait aisément s'y mirer comme dans une glace.

L'Académie des savans était présidée par celui de ses membres qu'elle avait élu *Roi de la sagesse* (1). Le vieillard Abd-al-Azyz, que son frère Alhakem II avait nommé gardien de la bibliothèque du palais Méroûan, lorsqu'il travaillait lui-même à en dresser le catalogue, se trouvait alors revêtu de cette insigne dignité. Voué, dès sa jeunesse, à l'étude des sciences, préférant la retraite et le travail au bruit des camps, aux plaisirs de la cour, et sacrifiant à la noble ambition des conquêtes de l'intelligence ces ambitions de pouvoir qui troublèrent si souvent, dans les familles impériales, la douteuse succession à la couronne, Abd-al-Azyz méritait le trône de la sagesse par l'étendue de son savoir et l'éclat de sa vertu.

La séance était fort avancée lorsqu'Al-Mansoûr

(1) *Rex sapientiæ*, roi de la sagesse ou de la science.

et ses fils prirent place au divan de l'Académie. Déjà plusieurs *makamat* (1) étaient prononcés ; déjà les objets les plus graves avaient successivement occupé l'assemblée, et la plupart des sciences que cultivaient les Arabes s'étaient enrichies de communications nouvelles. Le docte Abou-Zakariah Al-Awam, de Séville, avait lu d'abord quelques préceptes, extraits de son grand *Traité d'agriculture*, sur l'irrigation des rizières et sur la culture des cannes à sucre (2); puis, il avait ajouté d'intéressantes observations sur le sexe et les amours des plantes (3). Ensuite, le

(1) Discours académiques.

(2) La canne à sucre fut cultivée en Espagne par les Arabes et leurs descendans, jusqu'à l'expulsion des Morisques, sous Philippe III, en 1610.

(3) On a fait à Linné l'honneur de la découverte du sexe des plantes. Voici ce que disait Al-Awam, plusieurs siècles avant le naturaliste suédois :

« Si, parmi les palmiers, on rapproche les mâles des femelles, ces derniers portent des fruits en grande abondance, parce que le voisinage favorise leurs amours. Si, au contraire, on éloigne l'arbre femelle des mâles, cette distance empêche qu'il ne rapporte aucun fruit. Quand on plante un palmier mâle au milieu des femelles, et

jeune Syrien Abou-Aly Al-Hhasan (1), après
avoir donné lecture de divers fragmens de sa
traduction de Ptolomée, avait fait connaître les
derniers travaux du Ptolomée arabe, de son
compatriote, le célèbre Mohhammed-ben-Djâber
Al-Batany (2), lequel, mort dans la fleur de l'âge,
avait pourtant calculé quatre éclipses, avait découvert le mouvement de l'apogée du soleil, et
mesuré l'obliquité de l'écliptique. Puis, le directeur de la *Dar-Alhikma* (3), qui s'était rendu
célèbre dans les sciences mathématiques pour
avoir continué les propositions d'Euclide (4), et
qu'on surnommait *Al-Hacyb*, ou le calculateur,
avait exposé les avantages et les principales opérations de la science nouvelle appelée *Al-Djebr*

que, le vent venant à souffler, les femelles reçoivent l'odeur des
fleurs du mâle, cette odeur suffit pour rendre féconds tous les palmiers femelles qui entourent le mâle. »

(1) *Alhacen*, astronome dont les ouvrages ont beaucoup servi à
Kepler.

(2) *Albategnius*.

(3) *Maison de la Sagesse*, nom d'un collège de Cordoue.

(4) *Oclyd*.

oua al-mokâbélah (1). Après le géomètre, s'était
levé le médecin du Khalyfe, l'illustre vieillard
Mohhammed Abou-Beckr ben-Zakariah Al-
Razy (2), qui jeta, bien jeune, les fondemens de
sa vaste renommée par la traduction des Commentaires de Galien sur les *Épidémies* d'Hyppocrate. Après avoir offert à l'Académie son *Traité
de la petite vérole et de la rougeole*, Al-Razy avait
fait connaître une opération chirurgicale dont il
est inventeur, opération aussi simple qu'utile, et
que, depuis sa découverte, on emploie avec le
même succès pour les hommes et pour les animaux (3). Celui de tous les auditeurs qui prêtait,
aux paroles du docte vieillard, la plus religieuse
attention, était le jeune Abou-A'ly al-Hhosaÿn

(1) L'algèbre. Littéralement : Réduction des nombres rompus à un
nombre entier.

(2) *Rhasès.* Ce savant, que l'on montrait au doigt comme une
merveille, répondit un jour à une question, qu'il ignorait ce qui lui
était demandé. Voyant la surprise de l'interrogateur : « Si ta mère,
lui dit-il, possédait autant de chameaux qu'il y a de choses que je
ne sais point, elle serait plus riche que le roi de Perse.

(3) Le séton.

Aben-Synâ (1), de Schiraz, que dévorait d'une ardeur insatiable la passion d'apprendre, et qui cherchait surtout, dans l'étude de la médecine, l'explication de ses doutes philosophiques. On dit que, pour disputer au sommeil une partie du temps que lui laissent prendre les autres hommes, Aben-Synâ, oubliant la loi du Prophète, réveillait, avec la douce liqueur de son pays, ses facultés assoupies; mais que souvent, tombant d'un mal dans un pire, il n'arrachait sa raison au sommeil que pour la perdre dans l'ivresse. Après son maître, il avait pris la parole pour exposer avec lucidité tous les secours que la science de guérir emprunte aux sciences naturelles, la botanique et la chimie; puis, passant des considérations générales aux applications particulières, il avait expliqué quelles vertus médicales possèdent la casse et le tamarin, et comment, au moyen de l'alambic, on exprime du riz, de l'orge et du seigle, une essence spiritueuse, un alcool, également précieux pour la guérison des blessures et pour les usages de l'industrie.

(1) *Avicenne.*

A l'arrivée d'Al-Mansoûr, l'Académie, ayant terminé ses travaux sur les sciences exactes, passait aux objets plus légers de la littérature et de la poésie. Pour cette seconde partie, chacun de ses membres était compétent au même degré; car, chez les Arabes, tout homme adonné aux travaux de l'esprit, fût-il astronome, médecin, chimiste, cultivait aussi les lettres, et joignait à son talent spécial le talent général de poète. Par l'attrait particulier qu'ont les choses étrangères et lointaines, si, dans l'Académie de Bagdad, on recherchait de préférence les ouvrages des écrivains espagnols, dans l'Académie de Cordoue, on montrait un aussi curieux empressement pour les œuvres des poètes de l'Asie. Ce goût réciproque était facile à satisfaire; car les voyages scientifiques amenaient sans cesse, de l'une à l'autre contrée, les hommes supérieurs dont la noble rivalité entretenait un continuel échange de lumières entre l'Orient et l'Occident. Pour les retenir, on employait jusqu'à la violence; témoin ce pauvre poète d'Hemèse, qu'Alhakem II fit mettre en prison, pour qu'il ne pût retourner

en Asie, et duquel on disait : « C'est un rossignol que son chant a privé de la liberté. » Plusieurs membres des Académies syriennes assis-
taient à celle de Cordoue. Le plus célèbre
d'entre eux était le poète Abou-Thaÿb-Ahmed-
ben-Hhosaÿn, de Koufah, surnommé parmi les
siens *Al-Moténabby*, c'est-à-dire, le soi-disant
prophète, parce qu'avant de composer des
poëmes, il avait inutilement tenté de créer une
secte mystique. Pour l'excuser, un de ses admi-
rateurs avait dit : « Dans ses vers il est inspiré
de Dieu, sans doute, et ses miracles sont dans
ses pensées. » Abou-Thaÿb, l'une des gloires de
la *mère des Académies* (1), était né dans le pays
qu'avaient illustré déjà par leur naissance cet
Abou-Thémam Al-Thaÿy, surnommé le *Prince
des poètes*, et cet Abou'lala, que la petite vérole rendit aveugle lorsqu'il pressait encore le
sein de sa nourrice, mais dont l'esprit pénétrant,
perçant l'obscurité de son enveloppe matérielle,
voulut se venger du sort en poursuivant de son

(1) *Omol-Médaris*, académie de Bagdad.

vers libre, satyrique , impie , et les hommes et le ciel (1).

A la prière du *Roi de la sagesse*, Abou-Thayb s'était levé pour réciter quelque pièce de son *divan* de poésies. Mais voyant, à cet instant même, paraître Al-Mansoûr, dont il avait reçu le plus magnifique accueil, le poète syrien salua sur le champ le Hagib de ces strophes improvisées (2):

« Je n'ai ni coursiers, ni trésors à offrir; eh bien ! que l'éloquence vienne à mon secours, puisque la fortune ne me favorise pas. »

« Si, pareil au coursier dont le courage est retenu par de forts liens , je ne puis m'élancer dans la carrière, je puis du moins faire retentir l'air de hennissemens. »

« Je paierai un tribut de louanges au Hagib glorieux dont les bienfaits se répandent sans

(1) Le Divan d'Abou'làla, se nomme l'*Étincelle du briquet*, et le commentaire qu'il en fit, la *Lueur de l'étincelle*.

(2) Cette pièce, et les autres morceaux de poésies qui se trouvent dans ce chapitre et dans le suivant , sont des citations textuelles empruntées à nos meilleurs orientalistes. Mais elles sont, pour la plupart, composées de fragmens rapportés.

qu'il les ait promis, et qui n'appelle ses richesses de vrais biens qu'après les avoir distribuées. »

« Si je manisfeste ma reconnaissance, ce n'est pas que les richesses dont j'ai été comblé me causent de la joie; car l'abondance et la détresse sont égales pour moi. »

« Mais c'est que j'ai senti qu'il était honteux qu'accablé de bienfaits, je restasse avare d'actions de grâces. »

« Or, j'étais comme une plante qui croît dans le *Raudh-Alhazn;* au matin, j'ai été humecté par une pluie qui n'est point tombée sur une terre infertile. »

« Le sol où cette pluie est descendue doit faire voir qu'elle y a laissé des traces heureuses. Ah! que souvent les pluies ignorent quelles terres elles arrosent! »

« La gloire n'appartient qu'au héros doué de génie qui exécute des choses impossibles à tout autre, au héros qui est à l'empire ce qu'est une aigrette sur le front; »

« La gloire n'appartient qu'au héros qui ressemble à Al-Mansoûr. Mais quoi! j'ai dit semblable au soleil; eh! le soleil a-t-il des semblables ? »

Ces strophes furent accueillies par de longues acclamations, qui semblaient n'applaudir qu'à l'heureuse inspiration du poète étranger, mais qui s'adressaient plus encore à la vérité de son éloge, car il n'y avait peut-être pas un des membres de l'Académie qui n'eût à remercier aussi le Hagib de ses bienfaits. Quand le silence fut rétabli, Abou-Thayb annonça qu'il allait réciter une élégie composée à son départ de Bagdad, après la mort de l'Emyr Abou-Chodjah Fâtik, guerrier célèbre, que son courage téméraire avait fait surnommer *Al-Médjnoun*, ou l'insensé. Privé de son protecteur, obligé d'aller chercher au loin une patrie nouvelle, le poète peignait ainsi l'affliction de son cœur :

« Jusques à quand marcherons-nous durant la nuit obscure, de concert avec les étoiles ? Elles n'ont pas de pieds pour éprouver la fatigue qu'endurent dans leur course l'homme et le chameau. »

« Elles n'ont point de paupières en proie à l'insomnie qui afflige l'homme éloigné de sa patrie et privé de repos pendant la nuit. »

« Le soleil no'rcit notre visage ; mais hélas ! il ne rend pas à nos cheveux blanchis leur première noirceur. »

« Tel est l'arrêt que le ciel a prononcé contre nous. Si nous avions pu porter notre cause devant un juge de la terre, sa décision sans doute eût été différente. »

« Je ne compte la durée de ma vie que par les jours de ma jeunesse, et je n'y comprends ni ceux de l'enfance, ni ceux des cheveux blancs. Telle notre vie, tel le feu , dont le commencement n'est que de la fumée, et la fin que de la cendre. »

« Je n'ai point pris les chameaux en haine ; mais en les faisant servir à mon usage, j'ai voulu préserver mon cœur de la tristesse , et mon corps de la maladie. »

« Je leur ai fait quitter *Misr* (1), en commandant à leurs pieds de derrière de chasser

______

(1) Le Caire. *Misr* s'entend aussi pour l'Égypte et la Syrie, où régnaient alors les Khalyfes Fathémites.

ceux de devant, et, rapides comme la flèche, ils ont abandonné *Djars* et *Alalem.* »

« Les autruches du désert, couvertes du harnais, rivalisent avec eux de vitesse, et leurs rênes flottent de front avec celles de nos chameaux. »

« Nos chameaux nous emportent avec rapidité. Leurs lèvres sont blanches d'écume, et la corne de leurs pieds s'est verdie en foulant le *rogl* et le *yanem.* »

« Armés du fouet, nous les écartons des lieux où croît l'herbe, pour les diriger vers les pâturages de la générosité. »

« Mais où les trouver, ces pâturages, depuis qu'Abou-Chodjah-Fâtik, ce chef glorieux des Arabes et des Persans, a cessé de vivre ? »

« Il n'est point en *Misr* un autre Fâtik vers qui nous puissions nous rendre, et personne ne le remplace parmi les hommes. »

« Nul d'entre les vivans ne lui ressemblait en vertu, et voilà qu'aujourd'hui les morts réduits en poudre sont semblables à lui. »

« Quel homme la mort m'a ravi ! sa mère

n'a point connu celui à qui elle a donné le jour. »

« Elle n'a point su qui elle pressait contre son sein. Ah ! si elle eût connu les hautes destinées de ce héros, elle eût été effrayée de le tenir entre ses bras. »

« Dans *Misr*, il est des rois qui possèdent autant de richesses que lui ; mais ils n'ont point ses vertus sublimes. »

« Fâtik, dans son économie, était plus généreux qu'ils ne le sont dans leur munificence ; et ses reproches étaient plus agréables à entendre que leurs éloges. »

« Sa mort est plus glorieuse que leur vie, et sa disparition de ce monde plus utile que leur existence. »

« Les vautours rachèteraient au prix de la vie de leurs petits les jours de ce brave qui fournissait à leur pâture. »

« La mort a été pour Fâtik ce qu'est le vin arrosant la vigne dont il est sorti ; »

« Et le breuvage que Fâtik a bu était le breu-

vage qu'il avait fait boire à tant d'autres, et qu'
remontait à sa source. »

Les poètes de Cordoue, cachant avec politesse la jalousie que pouvait éveiller en eux la
haute renommée du poète de Bagdad, firent
éclater leur commune admiration en termes que
méritait le talent d'Abou-Thayb, et qu'impo-
saient d'ailleurs les devoirs l'hospitalité. Un autre Syrien prit alors la parole. C'était le poëte
philosophe Abou-Djafar-ben-Tofayl, auteur d'un
conte aussi célèbre que celui de *Kalila* et *Dim-
na* (1), dans lequel il avait établi le système des
idées innées, si conforme au dogme de la prédestination, en faisant, sous le nom de *Hay, fils
de Djocadhan*, l'histoire d'un jeune enfant
abandonné dans une île déserte, et que la seule
force de sa pensée élevait jusqu'à la connaissance
de Dieu et des lois de la nature. Ebn-Tofayl
avait été directeur de celui des colléges de Bagdad qui portait le nom de *misamyya*; il écri-
vait alors un recueil de ces sentences, fort à la

____

(1) Les fables de Bidpay.

mode chez les Arabes, où, dans une courte phrase, dans une image rapide, propres à aider la
mémoire, était enfermée quelque vérité morale,
et qui devinrent le modèle de ces proverbes populaires que les Espagnols enseignèrent à l'Europe. Au lieu d'exposer le but et la forme de son
livre, Ebn-Tofaÿl récita quelques-unes des maximes qui devaient le composer , en choisissant
toutefois avec adresse les plus convenables à la
situation de l'orateur et de son auditoire :

« Le savant vit éternellement après sa mort,
tandis que ses membres cachés sous la tombe sont réduits en poudre. L'ignorant est
mort, même pendant qu'il marche sur la terre :
il est compté au nombre des vivans , et il
n'existe pas. »

« Lorsque Dieu veut exposer au grand jour
une vertu qui restait cachée dans l'ombre , il
arme contre elle la langue de l'envieux. Si la
flamme ne s'attachait à tout ce qui l'environne,
on ne connaîtrait pas le parfum exquis de l'a-
loës. »

« Fuis une terre où tu es méprisé, et ne t'afflige point d'être séparé de ta famille. L'ambre brut est vil comme le fumier dans les lieux où il prend naissance ; mais s'il voyage, chacun à l'envi le suspend à son cou. Le collyre est une espèce de pierre qu'on foule aux pieds dans son pays ; voyage-t-il ? alors il parvient au comble de la gloire, et on le pose entre la paupière et la prunelle. »

« La meilleure place dans le monde est la selle d'un coursier rapide, et l'ami le plus précieux dans le siècle, un bon livre. »

« Réside où tu veux, et acquiers de la science et des vertus ; elles te tiendront lieu d'ancêtres. Certes, l'homme n'est pas celui qui dit : Voilà ce que mon père a été ; c'est celui qui peut dire : Voilà ce que je suis. »

« Il en est des richesses dont tu es avide, comme de l'ombre qui marche après toi ; si tu les poursuis, tu ne peux les atteindre ; tourne-leur le dos, elles ne te quitteront plus. »

« Les richesses ne consistent pas dans ces mots, ma terre, ma maison, mes biens, ni à dire : Jeune homme, mets la selle à mon cheval,

13

ou : Jeune fille, étends mon lit. Mais il faut à l'homme, outre ce qu'il possède, une protection permanente de Dieu.

« Plus on est proche du but, plus la difficulté de l'atteindre semble l'éloigner. Aussi, quand on a dix pas à faire, c'est au neuvième qu'est la moitié du chemin. »

« La vertu des hommes sujets à la mort est la patience ; car la maladie vient à cheval et s'en retourne à pied. »

« Ta vie, ô voyageur sur la terre, est divisée en deux parts. Ce qui est passé est un songe ; ce qui reste, un désir. »

Tandis que le moraliste syrien récitait ses sentences et ses maximes, le soleil achevait de se cacher derrière les sommets neigeux de la Sierra-Moréna. Du faîte des *montagnes noires*, où brillait encore la teinte rosée d'un horizon d'éternelles glaces, l'ombre descendait rapidement sur la ville impériale. Le *Roi de la sagesse* annonça que l'heure de la quatrième prière mettait fin à la séance ; puis, suivant l'usage, il invita toute l'assemblée à partager son repas du soir.

Les académiciens se levèrent aussitôt, et après avoir accompli mentalement le devoir de la prière, ils quittèrent leurs siéges en silence, et remplirent un second devoir religieux, en s'arrêtant aux fontaines d'ablution qui précédaient la salle du festin.

Cette salle, formant un carré long, était occupée presque en entier par une table de même forme, à peine élevée d'une coudée au-dessus du sol, et entourée d'épais coussins d'une hauteur au moins égale. Entre ces coussins et les tapisseries suspendues aux murailles, il y avait un espace assez large pour que de nombreux serviteurs, la robe retroussée dans la ceinture, pussent remplir leur office avec ordre et célérité. Deux lustres aux cent lumières, descendant du plafond, illuminaient la salle, que des cassolettes placées aux quatre angles embaumaient de leurs parfums, et, d'une salle voisine, se faisaient entendre, à de fréquens intervalles, les voix, accompagnées d'instrumens, de quelques chanteurs grecs venus de Constantinople sur les vaisseaux du Khalyfe. Abd-al-Azyz, pour remplir ses devoirs d'hôte, et veiller au service de ses convives, s'assit à l'extrémité supérieure de la table. Il était seul à cette place. Après lui, et sur les deux côtés, se rangèrent d'abord, dans l'ordre que leur assignait l'âge, tous les étrangers venus à la séance de l'Académie. L'hospitalité veut qu'ils occupent les places d'honneur. Al-Mansoûr, Al-Razy, les plus distingués des Arabes de Cordoue par l'autorité, la science ou la vieillesse, ne prirent rang qu'à la suite du plus jeune des étrangers. Les convives étaient assis sur leurs coussins, les jambes croisées, ayant devant eux les mets à la hauteur de leurs sandales. Ainsi disposée, la table offrait un aspect qui différait également de celui des tables anciennes, autour desquelles on était couché, et de celui de nos tables modernes, sous lesquelles on est assis.

Elle était couverte d'une infinité de mets divers. Parmi toutes les espèces de pâtes appelées *neïdeh*, parmi les vases de riz cuit dans le lait ou le bouillon, et qui servait d'assaisonnement aux autres plats, on voyait, symétriquement rangés, les poissons du fleuve et des deux mers, les agneaux et les chevreaux rôtis ou bouillis, la perdrix indigène, l'oiseau doré du Phase, la pesante outarde d'Afrique, les boulettes frites de viande hachée, et les concombres auxquels on a fait prendre des formes variées d'animaux en les enfermant tout petits dans des moules. Au milieu de la table, un beau paon de Syrie, couché sur un plat d'or, étalait son aigrette mouvante et sa queue aux mille couleurs. Quoiqu'un grand nombre des convives ne s'abreuvassent qu'avec de l'eau, les boissons n'étaient guère moins variées que les mets. Outre des sorbets de plusieurs espèces, les valets offraient la douce liqueur extraite du suc des dattes, et les liqueurs plus amères et plus pétillantes qu'on tire de l'orge torréfiée (1).

Quand on eut enlevé les viandes, la table se couvrit d'une infinité de fruits et de conserves. On y voyait, entassés dans des corbeilles d'argent, les melons de Valence, que leur écorce

______

(1) *Fokka* et *Mazar*, espèces de bières.

dure et polie conserve d'une saison à l'autre, les raisins secs de Malaga, les oranges de Tanger, les citrons doux de Fez, les dattes de Tunis, les grenades des bords du Xénil, les glands des yeuses, qui prennent, en cuisant sous la cendre, la saveur des noisettes. Entre les corbeilles ciselées, étaient rangés en égal nombre des vases transparens de la Chine, que remplissaient d'autres fruits, cuits et conservés dans la liqueur de la canne à sucre. Les valets distribuaient aussi dans de petits vases la poudre de Kali, pour que les convives pussent se nettoyer la bouche à la fin du repas. Avec les viandes, on avait enlevé toutes les boissons d'un usage ordinaire, et, quand le dessert fut servi, on apporta, mais avec une sorte de mystère, quelques flacons des vins fameux d'Ana et de Schiraz. D'abord, on se contenta d'en offrir aux étrangers, comme pour accomplir un devoir de politesse; bientôt, et toujours par urbanité, il fallut rendre les saluts qu'ils offraient à leurs hôtes. Enfin, après quelque résistance obligée, les plus rigides eux-mêmes se laissèrent vaincre par la tentation du fruit défendu. Trop grand pour sacrifier, autrement qu'en public, aux petites observances du culte, et libre au milieu d'une société choisie, Al-Mansoûr donnait gaîment l'exemple du douzième des grands péchés, tandis que, malgré ses cheveux blancs et son titre austère, le *Roi de la sagesse* pressait ses convives de remplir et de vider leurs coupes : « En Espagne, leur disait-il, les Musulmans plantent des vignes et se permettent l'usage du vin. N'est-il pas juste qu'étant toujours en guerre avec les infidèles, ils puissent, pour le service de Dieu, puiser dans cette liqueur la force et le courage? » Les gais propos circulaient avec les flacons poudreux, et se choquaient comme les verres de cristal. En écoutant le bruit confus des vives paroles, des rires animés et des coupes heurtées, en voyant ces sages, tout-à-l'heure si graves sur les bancs de l'Académie, maintenant si folâtres et si tumultueux sur les siéges du festin, on aurait dit d'une troupe d'initiés terminant, dans les débauches d'une agape, les mystères de la vieille Isis. Tout-à-coup Abd-al-Azyz, frappant des mains, obtint un peu de silence de ses convives à demi-enivrés, et le poète Abou-Thayb, se levant à sa demande, le verre à la main, chanta, pour couronner la fête, le célèbre *Mouëschah* (1) du Schéïk Chéhab-Eddyn Al-Azâzy :

« O nuit de l'union ! ô coupe d'un vin délicieux ! vous m'avez appris comment, sans être voilées, les joues perdent leurs pudiques couleurs. Jouis des plaisirs avant qu'ils ne s'échappent, revêts la robe de l'amour et de la jeunesse, et bois à longs traits. »

« Oh ! qu'il est doux de vider les coupes en contemplant de tendres joues où fleurit la rose, et dont le contour gracieux est bordé de myrte ! Le vin, n'en doutons pas, est la vie des âmes. »

« Remplis donc de cette liqueur délicieuse les coupes qui sont vides ; qu'elle soit pour les joyeux convives une jeune fiancée qui se montre à son amant couverte d'un voile d'or, et que les bulles légères qui brillent sur la surface nous tiennent lieu de pierreries. »

(1) Chanson.

« Regarde : déjà paraît la face de la terre ; déjà les oiseaux du matin remplissent les airs de leur doux ramage, et déjà le bosquet s'humecte des gouttes de rosée. Eh bien ! mettons fin à nos plaisirs en portant à la ronde des coupes en l'honneur du sourire aimable des fleurs après une douce pluie. »

« Cueille de l'amour les fruits que tu désires, et mêle, autant que tu le pourras, la liqueur de ta coupe avec l'haleine embaumée d'une belle aux prunelles plus meurtrières que l'épée d'Al-Farouk, d'une belle aux yeux noirs qui gagne des victoires avec des paupières languissamment baissées. »

« Elle a rompu les nœuds de la cruauté, et, superbe, elle s'est avancée traînant la robe de l'union. J'ai dit alors (et le bonheur que je goûtais auprès de ma bien-aimée était sans mélange) : O nuit, durant laquelle m'a visité et comblé de ses faveurs celle qui est le soleil du jour, puisses-tu vivre dans ma mémoire plus que les autres nuits rapidement écoulées dans la léthargie du sommeil ! »

L'AMOUR.

Al-Mansoûr, poursuivant le grand dessein de sa vie, celui de rendre au Croissant la Péninsule entière, et de donner les Pyrénées pour limites à l'empire de la Croix, continuait avec la même ardeur et la même constance ses opérations militaires, toujours brillantes, mais toujours infructueuses. Pour mener de front son projet de conquête générale, sans confier à nul autre le soin d'en partager l'accomplissement, il laissait une année de repos aux Chrétiens de la Castille et de Léon, et tournait ses armes contre la Catalogne. C'était par ce chemin que l'Emyr Abdérame avait franchi les Pyrénées, lorsqu'il pénétra dans la *terre d'Afranc;* lorsqu'il promena ses rapides étendards sur les bords du Rhône, puis sur ceux de la Garonne, puis sur le rivage de l'Océan, puis sur les rives de la Loire, jusqu'aux champs de Tours, où il rencontra la hache de Charles-Martel.

Le comte Borel, héritier des anciens ducs de Septimanie, auxquels avait obéi la Gaule gothique, engloutie depuis dans le vaste empire de Charlemagne, gouvernait alors à Barcelone. Il avait demandé des secours à son suzerain, le roi de France, et le maire Hugues Capet, qui régnait à cette époque pour Louis IV, comme le Hagib Al-Mansoûr pour Hescham II, lui avait envoyé quelques troupes de l'Aquitaine. Avec ce renfort, Borel s'était flatté de disputer aux Arabes le passage de l'Èbre. Mais, complétement battu dans une sanglante rencontre, il s'était réfugié au milieu des monts inaccessibles qui séparent la Catalogne de l'Aragon, et l'armée d'Al-Mansoûr, après avoir franchi le fleuve qui donna son nom à l'antique Ibérie, cheminait dans la longue et fertile plaine que resserrent entre elles les croupes des montagnes et les vagues de la mer.

Abd-Al-Malek , inséparable compagnon des entreprises et des travaux de son père, sous l'exemple duquel il apprenait l'art de la guerre et l'art du gouvernement, commandait l'une des divisions de l'armée impériale. Suivant la coutume, il était accompagné par quelques jeunes hommes de son choix, qui, sous diverses dénominations , non précisément de domesticité, mais toutefois de services à la personne, formaient comme sa maison, sa famille et sa société. Au milieu d'eux, celui qu'il distinguait le plus, par estime et par affection, était son médecin Yézyd, jeune Arabe de Fez, qui l'avait suivi d'Afrique à Cordoue, après sa victorieuse expédition contre les Berbères révoltés.

Studieux, modeste, d'une humeur toujours égale, mais toujours sérieuse, vivant dans la retraite, et fuyant, sans les blâmer, les divertissemens des hommes de son âge, Yézyd, grave avant le temps, se faisait à la fois aimer et plaindre. Abd-Al-Malek ne lui préférait que son frère d'armes Al-Mondhyr. Il voyait avec peine la mélancolie profonde qui voilait sans cesse d'un

nuage de tristesse le noble regard de son favori ;
mais il s'efforçait vainement, par les soins les
plus délicats, de ramener sur ses lèvres pâlies
l'habituel sourire du jeune âge. Nul ne savait le
secret de cette mélancolie. En le voyant toujours
recueilli, méditatif, ardemment livré aux études
les plus ardues, on aurait pu croire qu'Yézyd
poursuivait, dans le dédale de ces sciences chi-
mériques nées avec la chimie et l'astronomie,
quelque mystère de la nature, quelque secret de
la terre ou des cieux. Et c'était même la plus
commune opinion ; car, au milieu du penchant
général des hommes de son état (1), il était plus
naturel de supposer au jeune savant le goût des
recherches cabalistiques, qu'un de ces chagrins
profonds, irrémédiables, qui flétrissent la vie
dès son printemps.

Abd-Al-Malek laissait souvent les gais propos

---

(1) « L'étain, disaient les alchimistes arabes, est un argent malade de la lèpre ; le mercure, un argent frappé de paralysie ; le
plomb, un or lépreux et brûlé ; et le cuivre, un or cru. L'alchimiste,
semblable à un médecin, remédie à ces maux par des moyens contraires ou assimilés. »

de ses compagnons d'armes pour les entretiens
solitaires et graves de son médecin. Il trouvait
un grand charme dans la haute pensée, dans la
parole austère du jeune philosophe, qu'il croyait
aussi un adepte des sciences occultes. Un jour,
qu'après une longue marche, l'armée prenait du
repos, campée dans un frais vallon des bords
du Francoli, et qu'Al-Mansoûr s'amusait à lancer
ses faucons sur des troupes de grues, le fils du
Hagib voulut provoquer son médecin au savant
combat des échecs. Il entra sous la tente d'Yézyd, toujours dressée à côté de la sienne. Elle
était ouverte, mais vide, et tout annonçait que
le studieux habitant de cette cellule militaire,
appelé sans doute au chevet de quelque soldat
blessé, avait été brusquement distrait de ses travaux.

Sur les longues pages d'un manuscrit grec,
était déroulée une feuille de papier de soie,
et la plume de roseau (1), à peine sèche, se
trouvait encore étendue sur les dernières li-

(1) *Kalam.*

gnes qu'elle y avait tracées. Abd-al-Malek approcha; une curiosité d'instinct, plus prompte que toute réflexion, lui fit jeter les yeux sur cet écrit, qui contenait sans doute, avec la preuve des secrets travaux d'Yézyd, l'aveu des peines de son âme, et l'explication de sa précoce austérité. Cependant les regards de l'indiscret ami ne rencontrèrent ni des figures cabalistiques d'astres ou d'animaux, ni des calculs algébriques sur les propriétés des nombres, ni des noms accouplés de métaux et de plantes. L'image d'une même syllabe, reproduisant sur toute la page l'uniforme terminaison de lignes irrégulières, annonçait au premier coup-d'œil qu'il n'y avait d'autre magie, dans l'œuvre d'Yézyd, que la *magie permise* (1). Les vers ne sont point la langue épistolaire, celle des secrets sentimens et des intimes confidences. Faits par l'imagination et pour elle, ils ne traduisent guère d'autres pensées que

____

(1) *Al-Sahr Al-Alâl*, dénomination spéciale de la poésie chez les Arabes.

celles qu'il plaît au poète de livrer au monde. Abd-al-Malek, un moment indécis, lut les vers d'Yézyd :

« Le chagrin abat mon courage, et la fermeté d'âme le relève ; mes larmes, tour à tour obéissantes et rebelles, cèdent au combat de ces deux affections contraires. »

« Je suis comme la jeune palme du Mahgrêb, qui, plantée sur les rives fertiles du Grand-Fleuve (1), élève jusqu'au ciel sa cime ondoyante, que balance et caresse le doux zéphir des Algarves. »

« Un héros généreux, dont la droite ne s'ouvre que pour verser des bienfaits, en arrose incessamment les racines des pluies de sa munificence. »

« Dans sa demeure, les vœux de ses hôtes et de ses serviteurs sont comblés ; on dirait que tous leurs instans sont des nuits fraîches et embaumées. »

« Ah ! que ne suis-je insensible comme la

____

(1) Le Guadalquivir.

palme du Mahgréb ! que n'ai-je perdu , comme elle, le souvenir de la terre qui m'a vu naître ! »

« Je ne sentirais pas tomber sur mon cœur les pluies de douleur dont il est sans cesse inondé, et je ne dirais point au sort : Pourquoi les larmes qui coulent de mes yeux ne peuvent-elles éteindre le feu qui brûle mes entrailles ? »

« O toi, voyageur, qui, monté sur une chamelle vigoureuse , marches, au sortir de ton vaisseau, sur le chemin de la grande ville de Fez, de la ville aux deux *Aljamas* bâties par des femmes, »

« Monte à la droite des trois montagnes, franchis des chemins escarpés , et pénètre au sein d'un vallon fleuri, que traverse un torrent qui roule des cailloux, et auquel, chaque année, le ciel donne deux moissons. »

« Puis, salue de ma part les habitans de ce lieu chéri , et dis-leur : « Quand j'ai quitté votre ami, il soupirait après votre présence ;

son corps voyage sur les terres des infidèles,
mais son cœur reste dans Adjiad. »

« Oui, j'en jure par les angles du temple
et par ses voiles sacrés, par la pierre noire
d'Ismaël et par les monts Safah et Merwah,
entre lesquels courent les fervens adorateurs, »

« Jamais le souffle du zéphir n'a fait incli-
ner l'absinthe des collines, sans qu'il ne m'ait
apporté d'Adjiad des odeurs suaves et vivi-
fiantes. »

« Adjiad ! Là, sont les objets de ma tendresse. Là, ma mère m'allaita de ses mamel-
les, et m'apprit à bégayer le nom du vrai
Dieu. »

« Là, mes yeux ont vu pour la première
fois cette tendre gazelle dont mon cœur est
épris ; et quand l'éclat de sa beauté frappa
mes regards, avant même d'éprouver de l'amour,
je m'écriai : C'en est fait de moi. »

« Depuis lors, mon âme a passé dans son
âme, et les jours de ma vie sont comptés par
les jours de sa vie. L'amour dont je brûle est

aussi pur que le visage éclatant de blancheur des élus. »

« Si je vaque à la prière, mes lèvres, tandis que je parcours le livre sacré, murmurent ses louanges ; et cesser un moment de songer à elle, me paraît un crime aussi grand que celui de rompre le jeûne. »

« Couverte du voile de sa chevelure, si elle s'avance à travers les ombres d'une nuit semblable aux boucles noires de ses cheveux, l'éclatante blancheur de son front la dirige, et lui tient lieu des feux du firmament. »

« Si, pendant la nuit, elle dirigeait ses pas au milieu d'un jardin, vers les bords d'un étang où croît le nénuphar, trompées par l'éclat de ses charmes, les fleurs s'élèveraient sur l'onde, croyant le soleil de retour. »

« Quand ma bien-aimée soupire, « Oui, dit le musc, c'est de son haleine embaumée que je compose mes plus doux parfums. »

« O rameau des sables du désert, ne te balance point, lorsqu'elle foule d'un pas léger l'herbe des prairies. O éclair, garde-toi de bril-

ler, quand elle montre, pour sourire, la blancheur de ses dents. »

« Mais elle est tellement modeste, que si le
soleil, épris de sa beauté, descendait vers elle
par un excès d'amour, elle se retirerait à l'ombre pour éviter sa présence. »

« Les années que j'ai passées près d'elle s'é-
coulaient avec la rapidité d'un jour, et depuis
que je suis privé de sa lumière, chaque jour
passe lentement comme une année. »

« Dieu soit loué ! Souvent mes sens abusés
la retrouvent dans tout ce qui a de la grâce et
du charme ; »

« Dans les sons harmonieux de la lyre et
de la flûte, lorsque ces deux instrumens marient
leurs accords ; »

« Dans les riantes vallées, où viennent, à la
fraîcheur délicieuse du soir et au lever de l'aurore, paître de timides gazelles ; »

« Dans les lieux où le zéphir traîne les plis
de sa robe embaumée, quand, au léger crépuscule du matin, il m'apporte les plus suaves
odeurs. »

« Vaines illusions ! elles fuient devant la chaleur des yeux (1), comme l'ombre devant le sourire de l'aurore, quand le jour commence à déployer ses ailes à l'horizon du ciel ; »

« Yézyd alors fait entendre des plaintes douloureuses comme celles du rossignol qui voit cueillir sa rose favorite, et, retiré dans l'angle du désespoir, il s'abreuve à longs traits du poison de l'absence. »

« O ma mère ! ô ma bien-aimée ! Si jamais l'ange du destin...... »

Ici s'était arrêtée la plume du poète, confidente des peines de son cœur ; ici se terminaient les aveux qu'il avait confiés au papier comme au cœur d'un ami. Abd-al-Malek remercia le ciel qui lui livrait ainsi le secret d'Yézyd. Cette habituelle mélancolie dont la pâleur couvrait les joues du jeune médecin, ce n'était donc pas la révolte d'un esprit orgueilleux contre les voiles dont la nature cache ses impénétra-

(1) *Chaleur des yeux* veut dire chagrin, comme *fraîcheur des yeux*, satisfaction.

bles mystères; c'était la langueur d'une âme
tendre et blessée. Il y avait peut-être des remè-
des à ce mal.

Quand Yézyd revint dans sa tente, et qu'il
vit Abd-al-Malek penché sur son écrit du matin, il sentit comme un mouvement d'indigna-
tion contre sa propre négligence, et contre la
curiosité du visiteur indiscret. Mais le visage
d'Abd-al-Malek, lorsqu'il leva les yeux, exprimait tant de bienveillance, tant de compassion,
tant de sympathie; ses reproches furent si tendres, en se plaignant d'un ami qui souffrait dans
le silence, et ne cherchait d'autre confident
de ses peines que les muets instrumens qui
peignent la pensée; ses prières furent si vives,
en le pressant de lui découvrir, dans un aveu
complet, le secret qu'il avait surpris, qu'enfin
Yézyd, vaincu par la puissance de l'amitié,
consentit à confier au fils d'Al-Mansoûr l'entière et fidèle histoire de ses malheurs. Voici
comment il la conta :

« Ayoub, mon père, et son frère Youzef,
tous deux fils de Thémym, de la tribu d'Azra

dont les enfans furent toujours renommés pour la fidélité de leurs affections, avaient pris naissance à Fez, où les aïeux de leurs aïeux s'étaient fixés, lorsqu'au temps de Mouza, le Mahgréb fut conquis par les lances des enfans du Yémen. Ils étaient comptés l'un et l'autre, comme officiers de la garde arabe, parmi les premiers serviteurs des fils d'Edrys, lesquels régnaient alors sur les provinces d'Afrique, ayant pour protecteurs et pour suzerains les Khalyfes, fils d'Oméyah. S'étant fait honorer et chérir dans l'exercice de leur emploi, jouissant des droits de leur noble race, et partageant l'abondance du palais, il ne manquait à leur bonheur que la bénédiction d'une nombreuse famille. J'étais l'unique enfant que ma mère Fathmé eût donné à mon père ; et la femme de mon oncle ne lui avait laissé qu'une fille, qu'elle ne put, l'infortunée ! nourrir de son lait, car elle mourut en lui donnant le jour. »

« Leïla (1), plus jeune que moi de quelques

(1) *Leïla* signifie la nuit, l'obscurité, le mystère.

années, partagea les jeux de ma première enfance, et je l'aimai d'abord comme une petite
sœur, faible roseau que la nature confiait à
ma protection. Mais bientôt, l'âge de l'adolescence approchant, nous fûmes séparés l'un de
l'autre. Tandis que j'entrais aux écoles pour m'i-
nitier à toutes les connaissances qu'un homme
de mon sang ne peut ignorer, elle se retira
dans la maison de son père, loin du regard
des hommes, pour s'habituer au recueillement
et à la pratique des soins domestiques, qui sont
les devoirs d'une épouse et d'une mère.

« Lorsque j'eus passé quelques années au collége impérial de Fez, où les jeunes Arabes,
après avoir reçu l'instruction commune de la
Madrézah, pénètrent dans le sanctuaire des études réservées; lorsque je sus lire en leur propre
langage Ptolomée, Euclide, Hyppocrate, et
que j'eus enrichi ma mémoire de la science de
nos pères ajoutée à la science des anciens, alors
mes parens réglèrent la place que je devais occuper dans le monde. Malgré les pleurs de ma mère,
qui voyait à regret l'unique fruit de ses entrail-

les livré aux hasards de la guerre, je fus destiné
à la profession des armes. C'était celle qu'a-
vaient embrassée tous mes aïeux, et le rang
élevé qu'occupaient encore dans l'armée les deux
chefs de ma famille, en me donnant l'espoir
d'y atteindre après eux, détermina le choix de
mon père. Je fus donc enrôlé dans la garde
arabe de l'Emyr. J'aimais avec passion les chevaux, les armes, les tournois, et j'oubliai bientôt, dans le tumulte des jeux militaires, les
studieuses veilles de mon adolescence.

« Ce fut à l'époque même où j'entrais dans
cette troupe d'élite, que les peuplades berbères
qui vivent au-delà des monts Daren, agitées
par les prédications d'un imposteur qu'elles
prirent pour un autre envoyé de Dieu, refusèrent le tribut à l'Emyr. Tu sais, ô fils d'Al-Mansoûr, l'histoire de cette révolte impie que ton
bras a châtiée. Tu sais que les tribus rebelles,
oubliant à la fois l'obéissance due au chef des
croyans et l'orthodoxie de leur foi, ameutè-
rent encore contre les hommes de l'Orient,
contre les fils du Yémen, tous les hommes de l'Oc-

cident, dont nos pères ont vaincu les pères.
Ils étaient nombreux, et nous faibles; ils occupaient les montagnes, les plaines, les rivages,
et nous n'habitions que l'intérieur des cités.
Bientôt toute la nation, soulevée contre nous
par les haines du sang more, déclara au sang
arabe une guerre implacable. Bloqués dans nos
remparts, nous ne pûmes recueillir les moissons
que nous avions semées; nos champs furent rava-
gés comme par la grêle du ciel, nos maisons in-
cendiées, nos serviteurs égorgés, et la ville qui
nous servait de refuge, investie enfin par une
multitude ivre déjà de sang et de pillage. Je
n'affligerai point ton âme par le récit des maux
que nous fit endurer un long siége; encore
moins te peindrai-je les horreurs de cette nuit
fatale, où des traîtres livrèrent un passage à
leurs frères, qui, poussant des hurlemens de
bêtes fauves, se répandirent au milieu de la ville
surprise, le glaive dans une main et la torche
dans l'autre. Fidèle, même après tout espoir de
salut, la garde arabe joncha de ses cadavres les
degrés du palais, que l'Emyr, fier et brave, ne

rendit aux rebelles qu'avec le dernier souffle de
sa vie. Mon père et mon oncle périrent tous deux
au premier rang, après avoir brisé leurs cimeterres sur les crânes ennemis ; moi-même je
tombai près d'eux, baigné dans mon sang, et
mes yeux, que la mort sembla fermer aussi, ne
virent pas du moins le triomphe des tigres d'A-
frique et le massacre de mes frères.

« Quand je revins à moi, oh ! je n'oublierai
jamais la ravissante vision dont mes yeux furent
éblouis. J'étais couché sur un léger hamac suspendu aux branches d'un platane, dont l'épais
feuillage, légèrement agité par la brise, laissait
pénétrer par intervalles des éclairs de soleil. A
droite, ma mère était assise, pressant une de
mes mains dans ses mains. A gauche, une jeune
fille aux yeux noirs se tenait debout, et, pen-
chée sur ma couche, elle agitait devant mon visage un éventail de plumes. Cette lumière soudaine qui frappait ma vue, ces rameaux verts
qui me couvraient de leur ombre, ces deux femmes qui m'entouraient, dont l'une avait eu toute
ma tendresse dans ce monde, tandis que l'autre

me semblait une houri du ciel, tous ces objets ravirent mon âme en extase. Je crus que
l'ange de la mort avait rayé mon nom du livre
de vie, et que j'étais arrivé dans cette demeure
bienheureuse qu'Allah promet à ceux qui meurent pour la foi. En tenant mes yeux fixés sur
cette beauté céleste, en voyant tout-à-coup bril-
ler sur ses lèvres un sourire de joie, il me sembla bien retrouver dans ses traits je ne sais
quelle ressemblance confuse avec l'objet d'une
affection passée ; c'était le sourire, c'était le regard de ma jeune compagne d'enfance. Mais,
toujours possédé du même délire, j'imaginai
que celui des anges d'Allah, devenu mon serviteur, et auquel était confié le soin de mes plaisirs dans l'éternel séjour, avait voulu mêler quelque doux souvenir de la terre à ma félicité du
ciel.

« J'étais encore au nombre des vivans. Après
le sac du palais, ma mère était venue, avec d'autres mères et d'autres épouses, relever les cadavres de son époux et de son fils. En attachant
ses lèvres à mes lèvres, elle reconnut que je res-

pirais encore. Cachant sa joie, elle me chargea
sur les épaules d'un serviteur fidèle qui m'enleva
de ce lieu de désolation. Nos demeures étaient
saccagées, et je fus porté hors des murs de la
ville, comme un mort qu'on mène à la sépulture.
Mais la pauvre veuve n'avait point oublié la pauvre orpheline. Elle arracha des décombres de sa
maison fumante la triste Leïla, qui avait échappé à la brutalité des vainqueurs , cachée dans
une de ces retraites souterraines (1) dont nos
demeures sont pourvues, et toutes deux m'ac-
compagnèrent au sortir de la cité. Mère et cou-
sine, elles avaient le droit de suivre mon cercueil. Echappant ainsi, à la faveur d'une loi religieuse et toujours respectée, aux mains des bar-
bares dévastateurs de notre pays, nous parvîn-
mes au vallon d'Adjiad, où se trouvaient le jardin de mon père et sa maison des champs. »

« Ce fut là que je rouvris les yeux ; ce fut
là que mes blessures furent lavées avec le suc
des plantes balsamiques, et qu'elles se fermèrent

____

(1) Les *Silos.*

sous la main bienfaisante de mes deux anges
familiers (1). Mais ce fut aussi là que mon
cœur reçut une blessure qui ne se fermera
qu'avec mes paupières. Quand Leïla n'était
qu'une enfant, enfant aussi, je l'avais aimée d'un
amour de frère; maintenant que j'étais homme,
je retrouvais en elle une vierge digne de régner
sur le harem des Khalyfes. Elle avait une taille
élancée et flexible comme un jeune palmier qui
n'a point encore porté de fruits, et sa démarche était celle d'un nuage qui traverse le ciel
sans lenteur et sans vitesse. Sa longue chevelure
noire aurait pu lui servir de vêtement, comme
celle de notre mère Hewah, lorsqu'elle fut chassée du jardin d'Éden ; sous les arcs de ses sourcils, à travers les plumes soyeuses de ses paupières, ses yeux lançaient des regards plus doux
que la figue mûrie, plus pénétrans que la flèche
au dard aigu, et ses lèvres de rubis semblaient
dérouler deux colliers de perles, quand, pour
sourire, elles s'épanouissaient, comme les feuil-

____

(1) Les Musulmans ont conservé la croyance des anges gardiens.

les d'un bouton d'anémone à la rosée du ciel. Son cœur était aussi pur que l'air rafraîchi par l'orage, aussi tendre que la neige qui fond en ruisseaux entre les doigts qui la pressent. Douée d'un esprit fertile comme la terre des vallées, et que son père, soigneux jardinier d'intelligence, avait fécondé des semences de la sagesse, elle aurait pu lutter de savoir avec les vieillards de nos Divans. Quelquefois, lorsque ses mains délicates avaient couvert d'un baume rafraîchissant les blessures de ma poitrine, pour adoucir les ennuis d'une longue convalescence, elle prenait un luth à sept cordes, et chantait, avec une voix plus douce et plus sonore que celle de l'oiseau du soir, les vers de nos poètes qu'elle ornait du rhythme de ses chants. D'autres fois, enlaçant d'un long voile, tantôt ses cheveux ondoyans, tantôt sa taille légère, tantôt ses pieds agiles, elle imitait, avec grâce et chasteté, les danses des filles de l'Orient.

« Mais, que fais-je, ô fils d'Al-Mansoûr? A quoi bon m'efforcer de tracer à tes yeux un portrait que mon imagination peut bien concevoir

et peindre, mais dont ma langue ne saurait exprimer qu'une imparfaite image ? N'as-tu pas
compris déjà que l'amitié des premiers ans, la
reconnaissance, la solitude, sa beauté, ses vertus, avaient allumé dans mes entrailles cet
incendie dévorant qu'on appelle amour ? »

Ayant prononcé ce mot, et les yeux baissés,
comme s'il eût fait l'aveu d'une faute, Yézyd
garda quelques momens le silence. Depuis qu'il
parlait de Leïla, sa voix était devenue forte et
tremblante, ses lèvres s'étaient colorées, son
regard brillait d'un feu inaccoutumé. Pressant
sa main, en signe d'encouragement et de sympathie, Abd-al-Malek regardait en souriant le
visage de son médecin, austère et froid d'habitude, mais où se peignait tout-à-coup la chaleur d'une âme ardente et long-temps concen-
trée, qui trouve enfin une autre âme où s'épan-
cher. Yézyd, plus calme, continua de la sorte :

« Quand tu débarquas au port de Tandjah (1),
menant la glorieuse armée du Khalyfe, avec

____

(1) Tanger.

une telle diligence, que les rebelles n'apprirent
ton départ de Cordoue que par ton arrivée sur
nos rivages, j'avais déjà quitté ma couche, et
je commençais, appuyé sur le bras de ma mère,
à hasarder, comme un enfant au sortir de son
berceau, quelques pas chancelans. Les nouvelles de la venue de mes frères, de leurs
succès rapides, de ta victoire, qui frappa
nos ennemis de stupeur, de ta magnanimité,
qui les fit tomber à tes genoux, achevèrent de
me rendre à la vie. Je pus te voir entrer à Fez,
triomphant et miséricordieux, pour relever le
trône des fils d'Oméyah sur les bases de la
force et de la clémence ; je pus reparaître à
ta suite, et parmi les vainqueurs, dans cette
ville d'où j'étais sorti naguère enveloppé d'un
linceul et porté sur le cou d'un esclave.

« Ce fut, hélas ! dans ce moment de publique
allégresse, que s'évanouit mon bonheur d'un
jour. Les soins dévoués auxquels je devais ma
guérison, avaient été prescrits par la science à
la tendresse de ma mère et de ma bien-aimée.
Un célèbre médecin de Fez, Yacoub-ben-Zac-

cariah, surnommé *Al-Schafi* (1), ami de mon père avant nos désastres, et respecté, pour sa grande renommée, par les Berbères eux-mêmes, était venu plusieurs fois me visiter en secret au vallon d'Adjiad. D'une main habile, il avait porté sur mes plaies, tour-à-tour la pointe d'un fer ardent, et des essences de simples broyées. Mais, durant les heures passées à mon chevet, il avait vu Leïla, dont le regard inquiet et suppliant épiait dans ses yeux l'arrêt de ma vie ou de ma mort. Et qui peut voir Leïla sans l'aimer?... » Yézyd ne put étouffer un long soupir, et s'interrompit encore une fois dans son récit.

« Un soir, reprit-il (c'était celui du jour où j'avais vu les portes de Fez s'ouvrir devant toi), ma mère nous appela tous deux auprès d'elle, et nous demanda d'écouter attentivement ses paroles. A l'expression de son visage, grave et solennelle, il me fut aisé de comprendre qu'il s'agissait d'un objet important pour notre des-

(1) Celui qui procure la santé.

tinée, et mon cœur s'émut, car je lisais dans ses yeux encore plus d'affliction que de gravité.

« Elle nous dit : « Mes enfans, le sort de tous les humains est tracé d'avance sur le livre de vie, et c'est par des voies souvent détournées, mais toujours sûres, que s'accomplissent les arrêts du Tout-Puissant. Combien de fois le mal de l'un n'a-t-il pas produit le bien de l'autre? Notre ruine et tes douleurs, ô mon fils, peuvent devenir, pour Leïla, le marche-pied de son élévation; et quand elle sera montée sur la colline de la fortune, à son tour, elle nous tendra la main. Le savant Yacoub, l'ami de mon époux et le sauveur de mon fils, m'a prise hier en secret, et m'a dit : »

« Veuve d'Ayoub, ta nièce Leïla compte déjà douze ans révolus; c'est l'âge où toute femme doit cesser de vivre dans le célibat. La religion et l'honneur lui font un devoir du mariage. Elle est belle, elle est douce, elle a toujours respecté ses parens. Heureux le père des enfans qu'elle mettra au monde, heureux les enfans dont elle sera mère! je m'adresse à toi, devenue chef de ta famille, et chargée, dans leur inexpérience, de régler le sort de ses membres; veux-tu me donner Leïla pour épouse? J'ai maintenant trois femmes légitimes, que j'ai prises successivement, lorsque ma richesse s'est accrue, et, la loi du Prophète m'en accordant quatre, je pourrais, sans les perdre, acquérir encore ta nièce. Ma maison est assez vaste pour qu'elles y aient chacune un appartement séparé, et je suis assez riche pour donner à chacune sa nourriture, ses vêtemens, ses esclaves. Mais Leïla mérite de posséder seule l'affection et les soins d'un mari. Si tu me promets sa main, elle régnera sans partage sur ma maison, car aussitôt je répudierai mes trois femmes actuelles. Tu sais qu'il suffit d'un mot de ma bouche, sans nul autre motif que ma volonté, pour briser les liens qui les attachent à moi. Je puis les répudier toutes ensemble, comme j'aurais pu les épouser toutes à la fois (1). Je leur rendrai les dots qu'elles

(1) Chez les Musulmans, la répudiation est le droit de l'homme; mais la femme peut demander au juge le divorce.

m'ont apportées, et j'y joindrai, pour leur con-
solation, un don nuptial *postérieur* (1) assez
considérable pour qu'elles trouvent aisément de
nouveaux maris. Dès qu'elles auront passé les
trois mois de retraite que la loi leur impose (2),
et pendant lesquels, pouvant reprendre les femmes répudiées, je ne puis en épouser aucune
autre, je donnerai à Leïla le bouquet de myrte
et l'anneau. Alors je m'engagerai par serment
écrit, devant les *Kadhys* et les *Adaleh* (3), à
ne prendre aucune autre femme tant qu'elle sera
la mienne. Et je ne veux de toi ni dot, ni présent.
Dépouillée de toutes tes richesses, réduite au
veuvage et à la pauvreté, que pourrais-tu m'offrir? à peine la dot qu'Aly, le saint en Dieu,
reçut de Mahomet, avec sa fille Fathmah (4). La
science et le travail m'ont enrichi, et chaque
jour encore j'augmente ma fortune et ma re-

(1) Celui qui était fait à la dissolution du mariage.

(2) Ces trois mois se nommaient l'*Iddet* ou l'*Attente*.

(3) Notaires, témoins entre particuliers.

(4) Un chameau, deux coussins de sopha, un seau de cuir, et
400 talens (environ cent écus.)

nommée. Je donnerai à ta nièce un tel don nuptial (1), je mettrai dans les salles de sa maison tant d'esclaves, eunuques et femmes, dans ses coffres, tant de parures et d'étoffes de l'Orient, tant de colliers à son cou, tant d'anneaux à ses bras et à ses jambes, et sur sa table, tant de mets sucrés, que son sort fera l'envie de toutes les femmes qui n'habitent point le palais de Médynat-al-Zorâh. Réfléchis, informe-toi, prends conseil de ta prudence ; et, dans l'espace de sept nuits (2), fais-moi part de la décision que le ciel t'aura dictée. »

« Ma mère, après ce récit, fut un moment silencieuse ; puis elle ajouta, d'une voix émue : C'est par votre bouche, ô mes enfans, que j'attends l'ordre du ciel. »

« Dès ses premiers mots, j'avais été frappé de la foudre. Quand elle acheva, je voulus vainement délier ma langue. Immobile, pâle, haletant, je sentais la froide rosée de la terreur glacer mes.

(1) Celui-là se nommait *antérieur*.

(2) Les Arabes comptaient par nuits, non par jours.

tempes, et la main de l'angoisse, qui me pressait la gorge, ôtait tout passage à ma voix. Leïla, calme et sereine, ouvrit les lèvres pour répondre. Je préparai mon âme à la mort.

« Ma mère, dit-elle (car elle lui donnait aussi ce doux nom), la loi du Prophète permet-elle le mariage entre les enfans des frères? »

« Oui, ma fille, « reprit Fathmé, avant d'avoir compris le sens de la question ; puis toutes deux se turent, rougissant et confuses d'avoir trahi d'un seul mot, l'une sa secrète tendresse, l'autre son plus cher désir. Moi, je tombai à genoux, et je posai mon front dans la poussière, devant les pieds de Leïla ; elle me releva, et me donna la pointe de son voile à baiser.

« J'avais passé sans intervalle de la septième souffrance de l'enfer à la huitième béatitude du paradis. Cependant ma joie était grave , car elle était chargée du poids de la reconnaissance, et je mesurais devant moi toute l'étendue du sentier de mon devoir.

« Leïla, m'écriai-je, en élevant les mains au-dessus de ma tête, comme celui qui prend le ciel à témoin de ses paroles, Leïla ; j'accepte ta foi et je t'engage la mienne. Mais je n'accepte pas ton sacrifice entier. Tu n'auras point pour époux un homme pauvre, inconnu, digne au plus de pitié. Celui auquel tu me préfères doit à la science sa richesse et sa renommée ; eh bien ! je laisserai l'armure du guerrier ; j'irai aux écoles de l'Europe et de l'Asie, apprendre l'art bienfaisant de guérir les maux des hommes ; je deviendrai célèbre, je deviendrai riche, et je t'offrirai ce qu'il t'offrait, et tu recevras de moi ce que tu as refusé de lui. »

« Ma mère avait pleuré de joie aux paroles de Leïla ; ses larmes coulèrent encore à mes paroles. Elle était fière que son fils ne se fût pas laissé vaincre en générosité, et son orgueil maternel se résignait noblement à partager mon sacrifice. Elle prit nos mains, les unit dans les siennes, et, priant pour nous le ciel, protecteur des généreux desseins, elle étendit sur nos têtes sa bénédiction.

« De ce moment, notre sort fut décidé. Yacoub le savant reçut pour réponse que mon père et

mon oncle s'étaient, dès notre naissance, mutuel-
lement promis d'unir leurs enfans, et que nous
avions ratifié l'engagement de nos pères. A cette
époque, ô fils d'Al-Mansoûr, prêt à quitter le
Mahgrêb soumis et pacifié, tu proposais de ramener avec toi, dans la capitale de l'empire, les
fils des nobles Arabes morts sous les ruines du
palais de Fez, et de doter ces orphelins d'un
précieux patrimoine, l'instruction des célèbres
écoles de Cordoue. Je m'offris parmi les plus empressés; tu m'admis, pour le nom de mon père,
avec distinction, et peu de jours après, le cœur
résigné, mais les yeux gonflés des larmes du
dernier adieu, je quittai la terre d'Afrique pour
monter sur ton vaisseau. La veuve et l'orpheline étaient restées au vallon d'Adjiad.

« Tu sais le reste. Quelques succès, dus à la
persévérance d'un travail sans distraction ,
m'ayant fait distinguer au milieu de mes compagnons d'étude, j'obtins, au sortir des écoles,
d'être choisi pour ton médecin. Depuis ce moment, je t'accompagne dans tous les lieux où te
conduit le service de l'État. J'ai gagné ta con-

fiance et ton amitié. Ta générosité a ouvert sur ma tête son inépuisable main; tu as été pour moi prodigue de bienfaits, comme une nourrice est prodigue de caresses pour l'enfant qu'allaite son sein. Mon cœur reconnaissant s'est voué à te servir; je remplirai pieusement le devoir de la fidélité, et, comme une sentinelle attentive, je veillerai sur ta vie, précieux dépôt dont je dois compte à l'Empire. Mais ne trouve pas mauvais, ô mon bienfaiteur, que de cuisans regrets mêlent leur amertume aux parfums de gloire et de plaisir que je respire en ta compagnie. Chaque fois qu'un messager, parti de Fez, apporte à ton glorieux père des nouvelles de nos provinces d'Afrique, une lettre, discret dépositaire de douces et amères pensées, vient me rappeler ce que je n'oublie à nulle heure de mon existence, qu'audelà des montagnes et des mers, dans la solitude et l'abandon, gémissent inconsolables, une mère privée de son unique enfant, une vierge aux doux regards, volontaire victime d'un chaste et généreux amour. Songe que l'une est ma mère et l'autre ma bien-aimée; songe que je mesure aussi l'espace qui nous sépare ; et que, souffrant ma propre affliction , je souffre encore leur affliction dont je suis la cause et l'objet ; songe enfin au nombre de lunes qui ont éclairé nos nuits , depuis que le destin cruel nous tient condamnés aux ennuis de l'absence , à la honte du célibat ; et tu ne t'étonneras plus de trouver sur un visage qu'entoure à peine une barbe naissante, des lèvres pâles , des joues décolorées , des yeux éteints par l'insomnie et par les pleurs. »

Yézyd avait achevé l'histoire de ses peines ; un long silence succédait à son récit. Abd-al-Malek, fixant un regard attendri sur l'amant de Leïla , et , de cet accent où l'amitié semble prophétique : « Fils d'Ayoub, lui dit-il, il est écrit : « Mets ta confiance dans le Seigneur ; jamais il ne trompe un juste espoir. »

Deux mois après cet entretien , l'armée d'Al-Mansoûr , ayant pénétré sans obstacle jusqu'aux pieds des remparts de Barcelone , avait emporté d'assaut cette capitale , et , traînant une foule de captifs chargés des dépouilles de leurs églises, elle reprenait le chemin des frontières.

Le Hagib revint à Cordoue, avec son fils et leur suite. La campagne avait été aussi courte qu'heureuse, et l'on était encore aux belles journées de l'automne, quand Al-Mansoûr déposa la cuirasse du général pour revêtir la robe du ministre.

Le matin du premier *Djouma* qui suivit son retour à Cordoue, Ab-al-Malek fit appeler Yézyd. Ils étaient seuls.

« J'ai recours à ton amitié, lui dit le jeune Wali de Fez, d'un ton mystérieux; puis-je compter sur elle? »

« Qu'ordonnes-tu, répondit Yézyd? ce que peuvent atteindre des forces humaines, je me charge de l'entreprendre. »

« C'est ta science et ta discrétion seules que je réclame, reprit Abd-al-Malek. Une dame, à laquelle m'attache le plus tendre intérêt, se trouve dangereusement malade; mais, venue secrètement à Cordoue, elle refuse les secours de la médecine, plutôt que de laisser connaître sa demeure, et, avec elle, sa famille et son nom. J'ai promis, pour vaincré des scrupules si légitimes, que tu consentirais à être conduit auprès d'elle, et ramené jusqu'en ta maison, comme un aveugle, un bandeau sur les yeux. Ai-je trop présumé de ta confiance et de ton dévouement? »

« La promesse de ta bouche, dit Yézyd, est comme le serment de la mienne; elle s'accomplira. »

« Je te rends grâces, reprit Abd-al-Malek. Au sortir du bain, pare-toi de tes habits de fête; assiste à la *khotbah* du Khalyfe, et, quand les croyans quitteront la mosquée, sors par la porte du Pardon. Là, tu trouveras un guide pour te conduire. »

Yézyd suivit ponctuellement les instructions du fils d'Al-Mansoûr. Il quitta le temple, aussitôt que l'Imam, prononçant la formule du *tekbir*, eut fait le salut à droite et à gauche. A peine franchissait-il le seuil de la mosquée, qu'un eunuque noir l'appela par son nom, et le saisissant au passage, sans prononcer une autre parole, il le fit monter dans un palanquin porté par six esclaves. L'eunuque s'assit à ses côtés; lui banda étroitement les yeux; après avoir fermé les épais rideaux de soie qui couvraient ce lit portatif, et

commanda le départ. La course ne fut pas longue ; mais de brusques détours, faits dans tous
les sens, annonçaient au jeune médecin qu'on
voulait déjouer jusqu'aux suppositions qu'il pourrait hasarder sur son itinéraire ; d'ailleurs, le
silence absolu de son guide rendait vaine toute
espèce de question. Quand le palanquin s'arrêta,
et qu'Yézyd, mis à terre, revit la lumière du jour,
il était au milieu de la cour intérieure d'une
vaste et riche maison. Des colonnes de marbre
blanc formaient, selon l'usage, la galerie carrée
qui régnait au-devant des quatre ailes ; quelques
arbustes précieux entouraient la fontaine d'eau
vive qu'on entendait jaillir au centre de la cour,
et des troupes d'oiseaux étrangers, au brillant
plumage, à la voix harmonieuse, retenus captifs
par les mailles d'un filet tendu sur les terrasses,
s'ébattaient sous leurs rameaux fleuris. Tout,
dans cette demeure, annonçait la noblesse, l'o-
pulence et le bon goût.

Le muet compagnon d'Yézyd l'ayant mené
par la main jusqu'à l'entrée d'une salle basse,
dont il entrouvrit la porte avec précaution, lui

fit signe d'entrer, et disparut. Cette pièce, assez
vaste, n'était éclairée que par une fenêtre étroite,
oblongue, tapissée d'étoffes de soie, et qui répandait un demi-jour d'une teinte douce et
rosée. Yézyd, encore ébloui par la lumière ex-
térieure, ne distingua que peu à peu les objets :
un lit, d'abord, placé sur une riche estrade ,
puis, à côté, une femme assise, enveloppée d'un
long voile. La malade et sa compagne gardaient
un profond silence. Il s'approcha, muet aussi,
et prit une main jeune et blanche qu'on lui ten-
dait à travers de légers rideaux de mousseline.
L'agitation du pouls était extrême, bien qu'elle
ne fût pas irrégulière comme celle de la fièvre,
et les doigts de la malade, pressant ceux du médecin, semblaient vouloir aussi compter, à cet
écho lointain, les battemens de son cœur. In-
terdit, ému lui-même, Yézyd commençait à bal-
butier une insignifiante question, quand, tout-
à-coup, la femme voilée se lève, étend les bras,
se jette à son cou, et s'écrie : « Mon fils ! » C'é-
tait Fathmé. A ce cri, les rideaux s'ouvrent,
une femme paraît debout sur le bord de la cou-

ché, murmurant d'une douce voix : « Mon bien-
aimé ! » C'était Léïla.

Le pauvre Yézyd, comme au sortir de sa léthargie, put croire encore que le ciel s'était ouvert pour son âme, et qu'il goûtait la félicité des
justes. Accablé sous le poids de son ravisse-
ment, déchiré par les étreintes d'une joie con-
vulsive, il se sentait mourir sous les caresses
ardentes, jalouses, que lui prodiguaient sa mère
et son amante. La nature (elle est secourable
dans l'excès du plaisir et de la douleur) vint à
son aide ; il se rappela confusément sa profession et l'objet de sa visite : « Elle est malade ! »
s'écria-t-il, avec un accent d'effroi. Mais un regard de Léïla, plein de vie, plein de bonheur,
l'eut bientôt rassuré. Alors un autre doute vint
assaillir son âme, car le doute est le contrepoids
de toutes les grandes émotions dont il amortit
les coups. Cette amante qu'il retrouve, n'est-ce
pas la même femme à laquelle un tendre intérêt attache Abd-al-Malek ? Cette riche demeure,
comment s'y trouve-t-elle ? Ces précautions,
pourquoi les avoir prises ? Toutes ces idées lui-

sent à ses yeux comme les éclairs répétés d'un orage, et soudain, tel que le ver qui perce la datte jusqu'au noyau, le plus horrible soupçon glisse à travers ses joies, et va lui déchirer le cœur.

En ce moment, Abd-al-Malek paraît, calme, affectueux, souriant :

« Permets, ô fils d'Ayoub, lui dit-il, permets à l'amitié qui a partagé ta peine, de partager aussi ton bonheur. Le ciel a bien voulu que j'en fusse l'instrument. Tu avais quitté, pour me suivre, tous les objets qui rendent la patrie chère. Je ne veux point non plus de ton sacrifice entier. Je te rends ta mère, celle qui t'a donné deux fois la vie, et cette vierge, compagne choisie par ton cœur, qui t'en fera bénir tous les instans. Cette maison t'appartient avec tout ce qu'elle renferme ; ce sera ton présent nuptial. Elle touche à la mienne, et tu pourras, comme naguère, dans nos tentes voisines, veiller sur la vie qui t'est confiée. J'exige une chose en retour : le jour de la *Walima* (1), quand

____

(1) Noce.

tes amis, armés de leurs cannes d'ivoire et d'or, forceront pour toi le pavillon de la fiancée, défendu par ses jeunes compagnes, c'est moi qui commanderai leur joyeuse troupe ; puis, dès que Léïla t'aura rendu père, je présiderai à la fête des *Bonnes Fées* (1), et le premier né de tes fils portera mon nom. »

Chaque parole qui sortait de la bouche d'Abd-al-Malek tombait, comme une bienfaisante rosée, sur le cœur d'Yézyd, pour y éteindre les feux de la jalousie, et pour rallumer ceux d'une ardente reconnaissance. Trop émus, trop pénétrés pour trouver, même dans leur langue riche et passionnée, des mots qui pussent traduire leurs sentimens, les trois heureux s'étaient prosternés aux genoux d'Abd-al-Malek, et baignaient de douces larmes ses mains généreuses. Et le fils d'Al-Mansoûr répétait, en les pressant dans ses bras : « Qu'Allah reçoive vos

(1) La fête des *Bonnes Fées*, où l'on nommait l'enfant, avait lieu le huitième jour après sa naissance. En présence de tous les parens, réunis à un banquet, on lui coupait les cheveux, et on en donnait le poids aux pauvres, en or, en argent, ou en cuivre.

actions de grâces ! N'est-ce pas son Prophète qui a dit : « Mets ta confiance dans le Seigneur ; jamais il ne trompe un juste espoir ? »

LE MAHDY (1).

Il y avait plus d'une année (2) qu'Alphonse V occupait, après le vieux Bermudo, le trône des Asturies et de Léon. Depuis qu'Al-Mansoûr gouvernait l'empire arabe, le royaume des fils de Pélage avait été, presque chaque printemps, envahi, traversé, dévasté; sa capitale et sa métropole étaient tombées aux mains d'un ennemi jusque-là toujours victorieux; ses villes fortes avaient été prises et rasées, ses armées détruites, ses habitans traînés en esclavage. Mais, loin de plier sous des désastres si multipliés, si rapides, les Chrétiens, opiniâtres et patiens, mettaient à

(1) Littéralement, *dirigé* (*bi'llah*, par Allah.)

(2) En 1001.

défendre leur culte et leur liberté le même zèle infatigable, la même invincible constance. Leur jeune roi préparait vigoureusement la défense du pays. Il avait relevé les murailles tant de fois abattues de Léon, de Toro, de Zamora ; il avait assemblé dans un *Concile national* (1) ses évêques et ses grands vassaux, afin de pourvoir, avec leur aide, aux pressantes nécessités d'une situation suprême ; il avait appelé à son ban tout homme en âge de porter les armes ; enfin, il s'était assuré des alliances et des secours. Les Castillans, réduits à quelques lambeaux du comté de Hernan-Gonzalez, étaient toujours, par intérêt et par juste orgueil, au premier rang de l'armée chrétienne ; Sancho de Navarre, que la frontière musulmane allait atteindre, sentait le besoin de prendre part à la lutte autrement que par l'envoi de quelque insignifiant corps auxiliaire, et de nombreux volontaires de l'Aquitaine passaient aussi les Pyrénées pour se sanctifier, s'enrichir et s'illustrer à la guerre sainte.

(1) Ancien nom des Cortès.

Centre et chef de cette confédération, Alphonse, entouré déjà de ses sujets des Asturies, de la Galice et de Léon, réunissait, sous les murs de Burgos, la plus puissante armée qu'eussent encore composée les bannières réunies de l'Espagne chrétienne.

Al-Mansoûr connaissait la ligue et ses préparatifs; mais vingt-cinq années de victoires lui avaient donné tant de confiance en ses armes, que, sans augmenter la force des troupes qu'il avait coutume de mener à ses expéditions, et croyant plus gagner par la rapidité de l'attaque que par le nombre des soldats, il s'était, cette fois encore, mis en marche le premier. Les dix lustres qui blanchissaient sa tête, ses veilles, ses fatigues, ses blessures, n'avaient altéré ni l'activité de son corps ni l'énergie de son âme. Il était, dans ses mouvemens et dans ses pensées, aussi ardent, aussi impétueux qu'au temps où, chef encore adolescent de l'empire, il marqua dès le début sa haute destinée, et fit taire la rivalité par l'admiration. Son but, pour la campagne qui s'ouvrait, n'était plus de pénétrer dans

les provinces de la Catalogne ou de Léon pour
reculer la frontière chrétienne au-delà de l'Èbre ou
du Duéro ; il voulait rompre l'alliance des princes
confédérés, et, pour en détacher le roi de Navarre, porter la guerre dans ses domaines, épargnés
jusque-là. L'armée arabe avait franchi la *sierra
de Aÿlon*, et s'avançait, entre la Castille et l'A-
ragon, sur les champs de l'ancienne Numance.

Déjà l'on était parvenu dans la plaine où le
Duéro naissant, après avoir un moment suivi
l'Èbre, le quitte brusquement pour porter ses
eaux, par une pente opposée, à la *mer environ-
nante* (1). Un *Kaÿd* arabe marchait à la découverte avec un parti de cavalerie. Tout-à-coup il
entend des *alaridos* de combat, et s'avance au
galop pour porter secours à ses frères. Mais ce
qu'il avait pris pour des cris de guerre n'était
que des cris de joie. Un autre parti de cavaliers
berbères avait surpris, dans les ruines d'une
vieille tour, un avant-poste chrétien ; et la prise
était importante, car, au milieu de ces éclai-

_____

(1) Nom arabe de l'Océan.

reurs, se trouvait un évêque espagnol, sans
doute général d'un corps de l'armée ennemie.
Coiffé d'une mitre d'acier, et portant une cuirasse sur sa robe violette, le prisonnier avait
déjà les mains liées derrière le dos, et marchait,
attaché par le cou à la queue d'un cheval, dans
les rangs des Africains, dont son vêtement, moitié religieux, moitié militaire, excitait les rires
et les insultes. A la vue de ce traitement igno-
minieux et cruel, le *Kaÿd* arabe ordonna que
les liens du captif fussent rompus ; ajoutant
qu'il se chargeait de le conduire lui-même à la
tente d'Al-Mansoûr qui voudrait sans doute l'in-
terroger. Mais les Berbères refusèrent unanime-
ment d'obéir : « Nous ne recevons des ordres,
disaient-ils, que de notre chef Solyman ; c'est
à lui que nous remettrons le prisonnier. »
« Mais Al-Mansoûr n'est-il pas le chef des
chefs (1)? reprenait vainement l'Arabe. » « A Solyman, à Solyman, » répondaient à grands cris
les Berbères; et ils chassaient le prisonnier devant

(1) *Kaÿd-al-Kowad.*

eux, en le poussant, comme un bœuf tardif,
avec le bois de leurs lances.

Solyman commandait l'avant-garde de l'armée ; il avait entendu les cris de ses soldats,
et il accourait avec quelques escadrons, quand
son nom, jeté comme un défi menaçant à l'of-
ficier arabe, et la vue du prisonnier que traînaient les siens, lui apprirent quel était le sujet du tumulte : « Par Allah, s'écria-t-il arro-
gamment, ce captif m'appartient ; mes soldats
l'ont pris. Quiconque voudrait le disputer au
chef des gardes du Khalyfe, aurait pris la témé-
rité pour monture, et l'on pourrait aller dire
à ses proches que le torrent l'a emporté (1). »
L'Arabe, d'un ton plus humble, mais ferme
néanmoins, continuait à demander que le prélat
espagnol fût délivré de ses liens et conduit au
généralissime. Solyman ne daignait plus lui répondre. Cependant l'armée était en marche, et
chaque instant amenait de nouvelles troupes sur
le lieu de la querelle. Comme ces troupes, réu-

(1) Qu'il ne reviendra plus, qu'il est mort.

nies volontairement et par districts, n'avaient
entre elles d'autres divisions que celles des races
et des tribus, chaque légion prenait parti pour
les hommes de son sang. Les Africains, venus
de toutes les contrées que domine la longue
chaîne de l'Atlas, se rangeaient aux côtés de Solyman ; au contraire, les guerriers originaires
de l'Arabie, de la Syrie et de l'Égypte, ap-
puyaient la prétention du Kaÿd. Ceux-ci formaient les escadrons les plus brillans, les mieux
disciplinés ; ceux-là, les cohortes les plus nombreuses. Les uns montraient dans la dispute
cette fierté dédaigneuse que donne la supério-
rité de l'intelligence et l'habitude de la domination ; les autres, cette jalousie vindicative
qu'excitent la honte de l'infériorité et l'impa-
tience d'un long assujétissement. Ils étaient, le s
uns et les autres, suivis de leurs esclaves, qui
obéissaient en silence à tous les mouvemens de
leurs maîtres. Ces hommes dégradés se recon-
naissaient à leurs mentons rasés, car l'honneur
de la barbe n'appartient qu'aux hommes libres,

et aux longues touffes de cheveux qui leur couvraient le front (1).

Ce qui rendait la partie plus égale, c'est que
les Chrétiens et les Juifs, mêlés aux rangs de
l'armée musulmane, se jetaient tous dans le
parti des Arabes. Aucun d'eux ne passait aux
Berbères. Solyman, irrité de cette préférence,
et montrant aux siens les turbans bleus et jaunes qui coiffaient ces alliés de race vaincue et
de croyance maudite :

« Enfans, s'écria-t-il, voyez-vous ce troupeau
de porcs immondes qui viennent prendre part
aux luttes des coursiers? Ne vous semble-t-il
pas, comme au poète, que l'aigle céleste ait
été purgé, durant la nuit, avec des médicamens
de diverses couleurs, et qu'au matin, il ait
vidé ses entrailles sur leurs têtes? (2) »

A cette plaisanterie qu'il avait dite dans le
grossier idiome berbère, espèce de patois for-

______

(1) Couper les cheveux à un esclave, c'était l'affranchir. Chez les
Goths, au contraire, et les autres nations du Nord, c'était déshono-
rer un homme libre.

(2) Vers de Ala-Eddin-Vadday.

mé de la vieille langue du Mahgréb et d'un
peu d'arabe, les soldats de Solyman répondi-
rent par de bruyans éclats de gaîté. Leur chef,
arrêtant alors un des Chrétiens au passage :

« Adorateur du fils de la Vierge, lui dit-il,
que viens-tu faire au milieu des croyans? Va
plutôt planter les piquets devant nos tentes, et
nettoyer les auges de nos chevaux. »

Le Chrétien provoqué répondit : « Noble
Seÿd, ce prisonnier n'est-il pas notre frère par
le sang et par la foi? ne pouvons-nous demander sa délivrance, et n'est-ce pas le délivrer
que le remettre aux mains des fils du Hedjaz?
Ceux-là ont vaincu nos pères; mais ils nous ont
laissé nos évêques, nos prêtres, nos temples,
nos anciennes lois, nos vieilles coutumes. A
l'ombre de leur protection, nous vivons du travail de nos mains, sans trouble et sans ignominie. Tout ce qu'ils exigent, afin que nous ne
puissions entrer dans leurs mosquées, pas plus
qu'ils n'entrent dans nos églises, c'est que nous
portions, pour être reconnus, des ceintures et
des turbans bleus ; les Juifs, des ceintures et

des turbans jaunes. Mais si nous habitions parmi tes frères de l'Afrique, où seraient pour nous la justice et le respect ? On nous obligerait à suspendre à nos cous, comme des colliers d'esclaves, de longues croix de bois blanc , et les Juifs, d'ignominieuses sonnettes, pour avertir eux-mêmes, comme les lépreux, que leur contact est impur et malfaisant. »

De grands cris, partis dans les rangs des Arabes, interrompirent la réponse du Chrétien. C'était le plus jeune des fils d'Al-Mansoûr que saluaient à son arrivée ces bruyantes acclamations. Abd-al-Rhaman ne ressemblait à son père et à son frère Abd-al-Mélek que par les traits du visage. Vain d'une illustration qu'il avait reçue toute faite à sa naissance, présomptueux par caractère, emporté par tempérament, frivole dans ses goûts, déréglé dans ses mœurs, il se faisait difficilement pardonner , avec l'excuse d'une grande jeunesse, des défauts que sa haute position mettait plus en évidence, et que l'âge mûr ne corrigea point (1). Au lieu d'apaiser, par

(1) Ce fut sous son administration, lorsqu'il succéda, dans la

l'ascendant de son nom, cette querelle qu'un sujet futile avait fait naître entre les corps de l'armée, et qui pouvait, d'une seule goutte de sang versé, rallumer la querelle mal éteinte des races ennemies, Abd-al-Rhaman, enivré par l'accueil de ses Arabes, prit follement parti dans la dispute. Poussant son cheval sur les escadrons berbères : « Fils d'Oqbah, cria-t-il à Solyman, ce prisonnier appartient au butin de l'armée : réponds, veux-tu me le rendre ? »

— « Ni à toi, ni à nul autre, fils d'Al-Mansoûr, » répondit fièrement le général africain.

— « Tu désobéis à mon père. »

— « Quand la justice est pour moi, je n'obéis qu'à Dieu. »

— « D'où te vient cette audace, homme du Couchant » (1)?

charge de Hagib, à son frère aîné, qu'Hescham fut renversé du trône, et que s'alluma cette longue guerre civile, qui, ayant produit le démembrement du Khalyfat, livra l'Espagne musulmane aux Africains.

(1) *Mahgréby.*

— « De la même source que ton orgueil, homme du Levant (1). »

— « Notre orgueil est juste, car nos pères ont vaincu tes pères. »

— « Notre audace est juste aussi, car un jour viendra, j'en jure par l'angle du temple, où les fils de nos pères vaincront à leur tour les fils de tes pères. »

— Abd-al-Rhaman resta muet de surprise et de fureur ; « Ah ! dit-il d'une voix étouffée, si jamais le Khalyfe fait passer le sceau de l'empire de la main droite à la main gauche (2), qu'un homme de ton sang ose alors me tenir un pareil langage ! Je commanderai à mes serviteurs de l'écorcher, je remplirai sa peau de foin, et je le ferai mettre en croix sur la porte de Fotouh. »

— « Mais je t'assure, répondit froidement le Berbère, que, du tombeau de cet homme, il ne sortira point chaque nuit un hibou pour crier : *Donnez-moi à boire* (3); car ses frères auront

(1) *Scharqyy.*

(2) C'est-à-dire, s'il transmet l'autorité du père aux enfans.

(3) Une ancienne superstition expliquait le cri du hibou comme

encore dans la main des arcs jaunes et des lances
noires ; et quand même tous tes escadrons s'agi
teraient autour de toi, comme un aigle agite ses
ailes, nous te laisserions sur la terre avec les
doigts pâles et les vêtemens teints du jus de
mûrier rouge (1). »

A ces mots, Abd-al-Rhaman grinça des dents
de rage : « Par Allah, s'écria-t-il, si nous étions
seuls ici, insolent mercenaire, l'un de nous re-
viendrait le soir avec deux épées. »

« Eh quoi! répliqua Solyman d'un ton de mépris, la colombe défie l'aigle! le rossignol veut fermer la bouche de la vipère! Y penses-tu? toi,
qui n'as jamais tenu dans ta main qu'une ba-
guette de jonc, tu veux joûter contre une lance
de bois de Naba! toi, qui fais huiler le duvet
de tes joues par la main des femmes, tu veux
saisir la crinière d'un vieux lion de Schéra! En
vérité, ta tête parfumée ressemble à un palmier
dont la moelle est pourrie (2). »

la plainte d'un homme assassiné, et dont la mort n'est pas vengée

(1) Expressions insultantes pour dire, mort et couvert de sang.

(2) Expression pour indiquer un fou.

Abd-al-Rhaman ne trouva plus de réponse à cette insulte ; il tira son épée du fourreau. Ce fut le signal. La lueur du glaive, comme l'étincelle incendiaire, avait allumé l'explosion. Des deux côtés en même temps les lances furent mises en arrêt, les arcs se tendirent, les boucliers présentèrent leurs faces luisantes, et chaque parti reculant à la fois pour prendre du champ, un large espace resta vide, où le choc devait se faire, plus terrible et plus meurtrier. Dans cet espace, était demeuré le captif espagnol, première cause du combat. Quoiqu'il ne pût comprendre toutes les paroles haineuses dont s'enflammait la dispute, le malheureux prélat voyait bien quel en était le sujet ; et le cruel traitement qu'il avait reçu des Berbères, la fureur qui se lisait dans tous les yeux, les imprécations dont il était chargé, sa situation enfin, au milieu d'escadrons prêts à s'entre-choquer, tout lui montrait la mort inévitable. Calme cependant, tenant les yeux au ciel, avec la résignation d'un martyr, il récitait à voix basse les prières des agonisans. Au moment où les chevaux, arrêtés de part et d'autre dans leur retraite, allaient être lancés en avant, au moment où les premiers cris de combat se faisaient entendre, un homme sort des rangs africains. Il est à pied; il s'avance d'un air solennel, vers le captif garotté, comme un sacrificateur que la victime attend sur l'autel : « Le Prophète d'Allah, s'écrie-t-il avec la voix du tonnerre, ne souffrira point que les enfans d'Ismaël s'entre-déchirent pour un chien. » Il dit, tire un poignard de sa ceinture, frappe l'Espagnol au cœur, et, revenant sur ses pas avec la même gravité, rentre et disparaît dans les rangs qui se referment sur lui. Aussitôt les Africains laissent éclater une joie féroce en bruyans transports. Les armes s'agitent et se heurtent dans leurs mains; les tambours battent, les trompettes sonnent, les chevaux hennissent, et par-dessus ce tumulte, dont l'air retentit et dont la terre est ébranlée, des milliers de voix font entendre cette parole unanime : *Gloire au Máhdy! gloire au Máhdy!*

En cet instant parut Al-Mansoûr. Comme à la vue de l'aigle qui plane immobile au haut des cieux, une troupe d'étourneaux, cessant leur joyeux concert, s'abattent dans les sombres abris d'une forêt, s'y cachent, s'y dispersent; ainsi, devant le regard sévère du général, les cris s'apaisent, les glaives rentrent au fourreau, les escadrons rivaux se séparent, s'écoulentet disparaissent. Ce n'était point pour Al-Mansoûr une chose nouvelle que de prévenir ou de réprimer de semblables disputes. Rarement une campagne s'achevait sans que le camp ne fût troublé par quelque inimitié de races, et c'était le plus haut signe du respect qu'on portait à sa puissance, qu'il eût pu toujours empêcher que ce trouble ne s'étendît dans l'empire. Toutefois, et bien que le sang n'eût pas coulé, la qualité des hommes qui s'étaient mêlés à la querelle, ou plutôt qui l'avaient dirigée, l'aigreur de leurs paroles, les emportemens de leur haine, tout donnait à la scène de ce jour une gravité inaccoutumée. Al-Mansoûr fit entendre d'amères réprimandes; il reprocha, en termes également sévères, à Solyman et à son fils, d'avoir failli, en présence des ennemis de la foi, rallumer ces

guerres impies qui avaient arrêté les conquêtes
de leurs pères, et déchiré tant de fois le saint
empire de l'Islam. Il ajouta qu'un unique moyen
leur était ouvert de réparer publiquement la
faute qu'ils avaient publiquement commise, et
de mériter un pardon difficile ; c'était de se mettre l'un et l'autre à la tête des escadrons arabes et
berbères, dans le combat qu'on allait livrer aux
Chrétiens, et de vider leur défi par une noble
lutte de courage. Tous deux gardèrent le silence;
mais le fils d'Al-Mansoûr, en partageant des reproches qu'il ne croyait pas encourir, sentit
s'envenimer la blessure de son orgueil, et le
Berbère résolut, en son cœur ulcéré, d'abaisser
cette race insolente qui dominait la sienne, et
l'empêchait, lui, le premier des hommes de son
sang, d'être le premier de l'empire.

Les combattans séparés, et la querelle pacifiée,
un dernier soin restait au général. Le sang d'un
homme avait été versé. Un prisonnier dont la
rançon, s'il se rachetait, ou le prix, s'il était
vendu, appartenait à l'armée entière, lui avait
été soustrait. C'était un vol en même temps qu'un

meurtre; et le coupable avait à rendre compte
d'un double crime. Al-Mansoûr ordonna qu'il
lui fût amené sur le lieu même où gisait encore
le cadavre sanglant du captif. Peu de momens
après, le *Máhdy*, entouré d'un détachement de
Kaschefs, comparaissait devant le Hagib.

C'était un homme qui sortait de l'adoléscence
et entrait à peine dans la virilité. Mais les aus-
térités de sa vie, les veilles passées dans la prière,
les longues contemplations et les brûlantes extases dans le délire desquelles s'usait un cerveau
malade, avaient, comme le souffle des vents d'*Al-
Kéblah*, flétri dès le bouton la fleur de sa jeunesse. C'était à ces marques de précoce cadu-
cité que la multitude reconnaissait les saints.
Nul n'aurait obtenu ses respects avec un frais
visage et des reins arrondis. Le *Mádhy* était
maigre, pâle, exténué ; sa poitrine se courbait
en voûte, de longues rides sillonnaient ses joues
et son front ; toute la puissance de la vie semblait s'être retirée dans ses yeux, qui, de leurs
orbites creuses et de leurs paupières rougies ,
lançaient des regards de feu. Son vêtement n'é-

tait pas moins bizarre que sa personne. Il portait sur la tête un long bonnet noir, semblable aux turbans des Kadhys, que les Arabes
nomment *cruches,* à cause de leur forme haute
et renflée. De longues bandes jaunes tombaient
de ce bonnet sur ses épaules. Il était vêtu d'une
casaque de coton, également noire, sans col,
ouverte sur la poitrine, et garnie d'une bordure
rouge et jaune. Ses pieds nus n'étaient chaus-
sés que de la sandale à deux courroies. Enfin,
il tenait à la main un fouet à trois cordes,
semblable à ceux des conducteurs de chameaux;
mais ce fouet n'était point l'instrument de son
office; c'était un emblème.

Le *Mâdhy* se présenta devant Al-Mansoûr
d'un air assuré.

— « Qui es-tu, lui demanda le Hagib ? »

— « Celui qui est chargé de semer, répon-
dit-il. »

— « Et que sèmes-tu sur la terre, laboureur illustre ? »

— « La parole de Dieu. »

— « Qui peut oser prendre ce soin après le

Prophète ? n'a-t-il pas transmis aux hommes toutes les paroles divines ? »

— « Non ; car Mahomet (que l'Éternel lui soit propice !) a dit lui-même : « Si toutes les branches des arbres de la terre étaient autant de plumes, et que Dieu ajoutât à la mer sept autres mers d'encre, cela ne suffirait point pour écrire toutes les paroles de Dieu (1). »

— « Ces mots ne s'appliquent qu'aux lois antérieures ; ils justifient la mission du Prophète, la dernière des missions, car nul, après lui, n'a pu accréditer ses prétentions par ses œuvres. »

— « Tu te trompes encore, fils d'Amer. Souviens-toi que la race d'Aly, le saint en Dieu, s'est éteinte à la douzième génération, avec le jeune enfant Abou'l-Kâsem, surnommé, comme ton serviteur, le *Mâhdy*. Néanmoins, les hommes de Misr et du Mahgrêb attendaient un autre *Mâdhy*, suivant cette parole du Prophète : « Un soleil se lèvera à l'Occident » ; et le Schyayte

____

(1) Koran.

O'baÿd--Allah-ben-Mohhammed, s'appliquant à
lui-même la prédiction, a fondé dans l'Orient
la dynastie et l'empire des descendans de Fa-
thyme (1). Tu sais que les plus grandes choses ont de faibles commencemens, et que les
plus hauts palmiers doivent la naissance au
noyau de la datte. »

— « Je sais aussi que les ambitieux sont comme la mer qui s'agite à tous les vents. Est-ce
à dire que tu prétends à ton tour disputer l'Occident aux fils d'Oméyah ? »

— « Je ne prétends régner que sur les âmes,
en les ramenant au droit chemin , et je ne
dispute qu'aux embûches d'Iblis la postérité
d'Héwah. »

(1) Toutes les usurpations, tous les déchiremens qu'eut à souffrir
le Khalyfat, se firent par des schismes. Un peu avant Al-Mansoûr,
le fondateur des Fathémytes se donna le nom de prophète; après
lui, ce fût encore un *Mâhdy* qui créa la secte des Almoravides, par
qui fut détruite la domination des Arabes en Espagne; et ce fut un
autre *Mâhdy* qui créa la secte des Almohades, par qui furent détruits
à leur tour les Almoravides. De nos jours encore, on voit souvent
s'élever de petits prophètes dans les pays musulmans, et surtout en
Afrique.

— « Alors, pourquoi ne prêches-tu pas dans les chaires ? pourquoi suis-tu l'armée comme un homme d'action ? »

— « J'ai pour toutes les occasions deux flèches. J'aiguise l'une pour le combat ; l'autre, je la lance par la prière. Elle part de l'arc de la nuit obscure, et pénètre les voûtes célestes. »

— « Les flèches ne sont pas ta seule arme ; tu portes un poignard aussi. On t'accuse d'un meurtre; on dit que tu as lâchement mis à mort un captif enchaîné, qui appartenait au butin de l'armée. »

— « Le vulgaire ne saurait mesurer les desseins de l'homme inspiré des cieux. La terre, ô Hagib, est chargée d'arbres verts et d'arbres desséchés ; et ceux-là seulement sont battus de pierres dont le front est couronné de fruits. Mais je me couvrirai du manteau de la patience, car, je le sais, tout *Máhdy* doit avoir son Hégire (1). »

______

(1) Doit être méconnu et persécuté, comme Mahomet chassé de la Mecque.

— « Crois-tu donc, meurtrier, que la fuite seule te menace ? non, ce n'est pas au chamelier que doit te faire livrer ton crime, c'est au *meschaëli* (1). Tu seras conduit au gibet, monté sur un âne, avec un singe en croupe qui te fouettera le visage. »

— « Me menacer de la mort, ô Hagib ; c'est menacer le canard de la rivière (2). La mort ! n'est-elle point la porte de l'éternelle vie?... Écoute; le *darradj* (3) répète sans cesse, en broutant dans la campagne : « *La farine que donnent les épis est agréable ; loué soit celui qui est avant tout et qui est éternel !* » Eh bien ! depuis que je suis venu au monde, aussi nu que le dos d'un bouclier, je n'ai fait, comme le *darradj*, que chanter les louanges de Dieu. Je ne crains ni le passage du pont Syrath, ni le jour de la *grande nouvelle* (4), et je me présenterai devant le trône d'Allah les mains croisées

(1) Bourreau.

(2) Proverbe arabe.

(3) Oiseau du genre du francolin.

(4) Le jugement dernier.

sur la poitrine, comme les sept lecteurs du Koran. »

— « Avant de répondre à la justice divine, par qui sera connu le secret de tes pensées, il faut répondre à la justice humaine, qui ne peut laisser impuni le crime qu'ont vu les yeux des hommes. »

— « Parle, interroge ton serviteur; je suis né tandis que la mer était calme et la lune pleine (1), et je serai aussi véridique que le *Kata* (2). »

— « Est-ce ta main qui a frappé cet évêque espagnol dont le corps est devant toi ? »

— « Mes frères du Couchant, qui l'avaient pris, voulaient le garder; tes frères du Levant voulaient le leur ravir. Déjà les lions et les tigres aiguisaient leurs griffes pour se disputer cette vile proie, indigne même des corbeaux. Alors je me suis rappelé le conseil du sage, et, pour prévenir le péché, j'ai ôté l'occasion. »

— « Tu confesses donc avoir tué ce captif ? »

(1) Naître dans ces signes, est une preuve de véracité.

(2) Autre proverbe. Le *Kata* est un oiseau qui dit son nom par son cri.

— « Je l'ai tué. »

— « Après ton aveu, il ne me reste qu'à prononcer la peine du talion. Comment l'as-tu frappé ? »

A cette question, le *Mâdhy* cesse de répondre, et semble devenu muet. Il se recueille ; il regarde attentivement le cadavre du captif; puis, tire son poignard de sa ceinture, et, montrant du doigt le sang dont il est encore taché, il en pose la pointe sur son cœur, et l'enfonce jusqu'à la garde.

— « Gloire à Dieu ! dit froidement Al-Mansoûr ; justice est faite. Puissent tomber ainsi de leurs propres mains tous ces insensés dont les rêveries agitent les peuples et troublent les empires ! »

Et l'armée se remit en marche.

LA PRÉDICTION.

Non loin des champs abandonnés où quelques
amas de pierres, quelques débris de murailles,
marquent encore la place où l'héroïque Numance,
terreur de l'empire, lutta soixante ans contre
le destin de Rome, le Duéro naissant enveloppe
de ses sinuosités une vaste plaine, sur laquelle,
du haut de la cime aiguë d'un rocher, semble,
comme les hôtes de ses vieilles tours, planer le
fort des aigles (1). C'est dans cette plaine que
s'étaient rencontrées l'armée d'Al-Mansoûr et
celle des rois chrétiens. Après les efforts meur-
triers d'une bataille demeurée douze heures in-

(1) *Kala't-al-Nosoûr*, dont les Espagnols ont fait *Calatañazor*.

décise, les deux armées, séparées par la nuit, s'étaient repliées dans leurs camps.

La lune éclairait alors un horrible spectacle. Cette prairie, qui, le matin encore, toute émaillée des fleurs du printemps, séparait d'un tapis de verdure les guerriers des deux lois, foulée aux pieds, désolée et sanglante, était jonchée de cadavres épars. On distinguait, à des amas confus d'hommes et chevaux qui formaient, au centre de la plaine, comme une chaîne de petits monticules d'où s'échappaient des ruisseaux de sang noir, la place où s'étaient rencontrées dans toute leur longueur les lignes ennemies, où, sans reculer, sans se rompre, s'étaient heurtés tout le jour des flots de combattans. Quelques hommes, qui menaient des chariots ou qui chassaient devant eux des mulets de bât, venaient de chaque côté creuser les flancs de ces montagnes de cadavres, lugubres frontières des deux camps, pour en retirer leurs blessés et leurs morts. Les Chrétiens, adossés au fleuve, avaient ouvert de vastes fosses sur ses rives, et donnaient à leurs frères des sépultures communes

que bénissait la main de leurs prêtres, et dont les
tertres, surmontés de hautes croix, formaient les
monumens des morts, et les trophées des vivans. Devant le camp des Arabes, plusieurs
grands bûchers, allumés avec de la naphthe (1),
recevaient dans leurs flammes bleuâtres et pétillantes les corps de ceux que les chirurgiens
avaient déclarés sans vie.

Dans ce camp régnait le morne silence de la
désolation. L'on voyait, autour d'une riche et
vaste tente, plantée seule au milieu d'une espèce
de place publique, se presser une multitude de
guerriers, qui, d'une voix basse et recueillie, s'in-

(1) Les Arabes employaient la naphthe pour brûler les cadavres ;
c'est ce que prouve une anecdote fort curieuse, tirée de la vie du
Barmékyde, ce favori si connu du Khalyfe Aroûn-al-Raschyd. « J'en-
trai un jour, dit l'historien Amrani, dans les bureaux du Diwan, et
je lus sur un registre ouvert : « Pour une *Khila* (présent d'un vêtement d'honneur, comme aujourd'hui le *Caftan* chez les Turcs), don-
née à Djafar, fils de Yahyâ, fils de Barmek, 400,000 pièces d'or. »
Étant retourné, peu de jours après, je lus au bas de cet article :
« Naphthe et roseaux pour brûler le corps de Djafar, fils de Yahyâ, fils
de Barmek, 10 Kirrats. (un demi-dinar.) » Pourrait-on composer
un meilleur apologue sur l'instabilité de la faveur des rois?

terrogeaient avec anxiété sur le sort de leur général. Ceux qui arrivaient des extrémités du
camp avaient ouï dire qu'il était mort; ceux qui
n'avaient fait que la moitié de ce chemin
croyaient qu'il touchait à sa dernière heure;
tous savaient qu'à la fin de la journée, Al-Mansoûr avait chargé comme un soldat à la tête de
ses escadrons. On avait vu, chaque fois qu'il le-
vait son épée, le sang ruisseler jusque sur ses
bras. Mais tous savaient aussi qu'Al-Mansoûr
avait été retiré de la mêlée couvert de blessures.
Tout-à-coup, cette foule inquiète et désolée,
dont les entretiens animés, mais sans bruit, formaient comme un tumulte à demi-voix, fait silence, se range et s'entr'ouvre avec respect. Un
jeune homme la traversait à pas lents, la tête sans
casque et pressée par des mouchoirs de lin, un
de ses bras enveloppé dans les plis d'une écharpe,
et l'autre appuyé sur le cou d'un ami; c'était Abd-
al-Malek que soutenait son médecin Yézyd. Il
souleva la porte de cuir, et pénétra dans la tente
de son père.

Cette tente était obscure, déserte, silencieuse.

La seule lampe qui répandît une pâle lumière dans la vaste rotonde éclairait deux vieillards, les médecins du Hagib, qui préparaient, dans le recueillement, les breuvages et les appareils du blessé. Al-Mansoûr était couché sur un hamac, son lit ordinaire dans les camps. On aurait pu croire qu'il reposait; car son corps mutilé était caché sous les plis d'une légère couverture de soie, et sa figure pâle, mais toujours calme, ne trahissait, par aucune altération des traits, les douleurs dont il était déchiré. Seulement ses yeux se tenaient fixés, avec une profonde expression de tristesse, sur une petite caisse de bois de cèdre, enrichie de ciselures d'or, qu'on avait placée près de ses armes, en face de son hamac penché. Depuis qu'il faisait la guerre aux Chrétiens, cette caisse l'avait suivi dans toutes ses expéditions; il ne se séparait pas plus d'elle que de sa cuirasse ou de son épée. Ce n'était pourtant, ni les perles et les diamans de son trésor qu'elle contenait, ni quelque ancien talisman d'une vertu certaine; et l'ennemi qui l'aurait enlevée dans une attaque de nuit, avide de connaître la valeur de sa prise, eût été bien surpris, en l'ouvrant, de n'y trouver que de la poussière. C'était celle qu'Al-Mansoûr avait soigneusement recueillie sur son armure au sortir de tous les combats qu'il avait livrés. Il s'était ainsi, dès sa jeunesse, préparé des aromates pour son suaire; car il voulait qu'on l'ensevelît dans cette poudre glorieuse. En ce moment, résolu de terminer une vie dont cette boîte lui rappelait les plus brillantes journées, il la regardait comme on regarde son tombeau.

Abd-al-Malek s'approcha. Dès qu'il eut rencontré les yeux de son père : « Et toi aussi, mon fils, s'écria douloureusement le Hagib, ils t'ont blessé ! »

— « Oh ! non, mon père, répondit Abd-al-Malek, en faisant effort pour assurer sa démarche et sa voix ; Yézyd, qui m'accompagne, affirme qu'avant trois nuits les cicatrices même auront disparu de mon bras et de mon front. »

— « Qu'Allah le permette ! » reprit Al-Mansoûr.

Puis, après une longue pause, il ajouta : « Mon fils est le premier des chefs de l'armée qui se rende à l'appel de son général ; peut-être sera-t-il le seul ?.... Naguère, après chaque bataille, ils semblaient tous avoir aiguisé leur langue sur la pierre de l'adulation, et j'étais encensé comme l'idole de Tagoth. Ce matin même, au lever du soleil, ils se pressaient autour de moi ; ma tente ne pouvait les contenir ; et ce soir... Vois quelle solitude... Dieu soit loué ! le Seigneur éprouve ses croyans (1). »

— « N'accuse point tes compagnons, ô mon père, dit Abd-al-Malek ; le ciel leur refuse sans doute l'accomplissement de leur devoir. »

— « Que fait le Kaÿd de Calatayud (2) ? » demanda brusquement Al-Mansoûr.

— « Il veille, avec mon frère, à la garde du camp, » répondit Abd-al-Malek.

— « Othman-al-Féhry ? »

— « On a jeté son corps dans les flammes. »

— « Malik-al-Adel ? »

— « Ses os sont aussi consumés. »

(1) Formule d'affliction.

(2) *Kala't-al-Yéhoud*, fort des Juifs.

— « Al-Kâsem-ben-Hamoud ? »

— « Ses soldats l'ont rapporté sur des lances croisées. »

— « Ysmaÿl-al-Améry ? »

— « Son cheval, en tombant sous les piques des Chrétiens, l'a jeté dans leurs rangs; il est captif. »

— « Les deux fils du Wali de Tolède(1)? »

— « L'un est devant toi, fils d'Amer, dit alors, en découvrant sa figure jusque-là cachée dans ses deux mains, un jeune homme accroupi dans l'ombre; l'autre est devant Dieu. »

Chaque réponse était, pour Al-Mansoûr, une blessure faite à ses blessures. Il parut épuisé, leva les yeux au ciel, et garda le silence. Personne n'osait le rompre avant lui. Au bout d'une longue interruption, le Hagib reprit la parole : « Il faut, dit-il d'une voix faible et comme intimidée, il faut boire jusqu'à la lie le vase d'amertume. Je n'ai plus, ô mon fils, qu'une question à te faire. Dans cette horrible moisson de tous les plus di-

(1) *Tolaïtola.*

gnes, qu'est devenu ton ami d'armes, le brave et fidèle Al-Mondhyr ? »

Quels que fussent le courage d'Abd-al-Malek et son empire sur toutes les faiblesses, à ce nom chéri, il sentit défaillir son cœur. Avant que ses lèvres ne s'ouvrissent, deux ruisseaux de larmes coulèrent de ses yeux, et ce fut d'une voix étouffée par les sanglots qu'il put répondre : « Hélas! je suis comme ce fils survivant du Wali de Tolède; j'ai perdu mon frère!... Il m'a couvert de son corps, quand j'étais abattu sous les lances ennemies; les coups qui m'étaient destinés ont percé sa noble poitrine; c'est de son sang généreux que s'est rougie mon armure, et, pour conserver un fils à mon père, il laisse orphelins les deux jeunes enfans de sa bien-aimée. »

— « Dieu soit loué! dit encore une fois Al-Mansoûr, le Seigneur éprouve ses croyans... Ainsi, de tous les chefs de mes légions, un seul est plein de vie, un seul n'a point à pleurer ses frères. »

— « Le lâche! « s'écria l'impétueux Abd-al-

Malek, en mordant l'écharpe qui soutenait son bras.

— « Ne l'appelle point lâche, ô mon fils; Solyman est brave; il aime la poussière du combat, les cris de guerre et le choc des épées. Mais il est envieux, il est vindicatif, et, comme tous les siens, plus ennemi du sang arabe que du sang espagnol. Avec quel empressement il a saisi le futile prétexte de sa querelle avec ton frère, pour résister à mon ordre d'attaque, pour tenir ses escadrons loin du champ de bataille, pour nous laisser seuls aux prises avec toute l'armée chrétienne! Avec quel bonheur il a dû contempler les vains efforts et la chute de nos guerriers, qui tombaient sous le fer des infidèles comme les épis sous la faux! Chacune de nos pertes est un gain pour lui; chacune de nos larmes, un transport de joie, et notre défaite, une victoire. Les voix de tant de victimes s'élèveront un jour contre lui devant le tribunal de Dieu. Il sera maudit..... Mais qui me rendra ces nobles tribus dont les débris couvrent la plaine? Qui ranimera ces cœurs intrépides et ces bras aguerris? O mes frères, ô mes compagnons, avec qui je voulais mourir, non, Al-Mansoûr ne peut vous survivre. Il est vaincu ; il a perdu son nom ; il a bu dans la coupe amère de la honte ; ce breuvage est pour ses entrailles un poison mortel. »

En disant ces mots, le malheureux Hagib parut accomplir la prédiction de sa fin prochaine. Les efforts de cet emportement et l'excès de sa douleur l'avaient jeté dans un long évanouissement. Quand les soins de son fils et de ses médecins l'eurent rappelé à la vie, honteux d'un moment de faiblesse, il reprit toute sa première sérénité. Nulle plainte, nulle expression de regret ou de colère ne sortit plus de sa bouche, et il resta grand, par la patience, contre l'affliction d'un premier revers, comme il s'était toujours montré grand, par la modération, contre l'enivrement de cent triomphes.

Al-Mansoûr appela son fils et lui dit : « Il est un moment dans la vie, où l'esprit de l'homme, se dégageant des liens de la terre, commence à entrevoir la lumière des cieux, où ses paroles ont l'autorité d'une révélation. Ce moment est celui de la mort. Je veux le mettre à profit. »

— « Quelle pensée, ô mon père ! s'écria le jeune Wali de Fez. Tu vivras pour la gloire de l'empire, pour l'amour de tes enfans. »

— « Nul mortel, ô mon fils, reprit Al-Mansoûr, ne peut vaincre sa destinée. L'écroulement d'une montagne, comme la chute d'une feuille de saule, tout se fait par la volonté de Dieu. Dès que son doigt marque l'heure sur le cadran de l'éternité, les cèdres tombent, les tours s'abîment, et le monde lui-même, quand son temps sera venu, brisé jusqu'en ses fondemens, rentrera dans le primitif chaos. Mon temps est venu; j'ai passé la moitié d'un siècle sur la terre, et la moitié de ma vie sur le trône; car, sauf le nom de roi, j'ai régné. Ouvrier des décrets célestes, j'ai fini ma journée ; il est temps que j'obtienne mon salaire et le repos. C'est toi que la volonté du Tout-Puissant appelle à me remplacer parmi les hommes. Le Khalyfe te confiera son sceptre, ne pouvant le soutenir de sa main débile, et tu seras, comme je le fus, dépositaire du pouvoir souverain. C'est une grande charge, ô mon fils, celle du gouvernement d'un peuple, et c'est un compte difficile à rendre, celui que nous demandera Dieu, à nous autres pasteurs d'hommes, du bonheur de ses créatures. Mesure le sentier de ton devoir; tu verras avec effroi combien il est long, âpre et glissant. Je voudrais, moi qui l'ai parcouru aux applaudissemens des nations, moi qui ai été blessé par ses épines, arrêté par ses escarpemens, et souvent menacé par ses précipices, je voudrais t'y conduire et t'y donner la main. Mais, ne pouvant plus veiller sur toi du haut des demeures où la terre s'oublie, je veux du moins te laisser pour guide mon expérience et mes leçons. »

Abd-al-Malek était assis au chevet de son père. Les mains croisées, les yeux humides, et le cœur agité, il recueillait, dans un religieux silence, et gravait au fond de sa mémoire, toutes les paroles qui tombaient de la bouche du Hagib. Al-Mansoûr se recueillit quelques momens, et continua de la sorte :

« Le ciel nous a fait naître dans le premier

des peuples que nourrit actuellement la terre.
Depuis qu'à la voix du Prophète, ils se sont levés
pour répandre la parole de Dieu, les Arabes,
nos frères, qui avaient échappé aux armes de
Cyrus, d'Alexandre et des Césars (1), ont élevé
à leur tour un empire, rival de ces grands empires passés. Accomplissant, avec leurs vaisseaux, la
haute pensée du fils de Philippe, ils régnent sur
les deux mers, et réunissent, par le commerce,
les points extrêmes de l'Orient et de l'Occident.
Quant à ceux qui montent des coursiers, ils ont
conquis plus de terres, en moins d'un siècle, que
Rome (2) n'en posséda jamais, après huit cents
années de combats. Cette grandeur de la force,
les Arabes l'ont soutenue et justifiée par la grandeur de l'intelligence. Nul peuple vivant ne
saurait leur disputer la couronne dans les lettres,
dans les sciences, dans les arts; et, comme les
Grecs, qui furent leurs maîtres, il sont aujour-
d'hui les maîtres du genre humain. Mais Allah

(1) *Koresch*, *Eskander* et *Al-Kayasséral*.

(2) *Roumiah.*

ne les a point affranchis de la commune loi.
Comme tous les peuples, comme tous les hommes, comme toutes les choses créées, ils portent
en eux-mêmes le germe de la destruction , et
cette nation glorieuse comptera aussi, dans son
histoire , la naissance , la vie et la mort. »

« Les Arabes ont fait trop vite de trop grandes
choses ; car ils n'ont pu étendre leur nombre comme ils étendaient leurs conquêtes, ni se multiplier
en multipliant leurs possessions. Compte-les, sur
les terres qu'ils possèdent, et parmi les peuples
qu'ils ont asservis ; ils sont comme le lion au
milieu des troupes de gazelles, comme le cèdre
au milieu des herbes de la prairie, comme le rocher au milieu des sables du rivage : un entre
mille. Et leur gigantesque empire, où l'ont-ils
élevé ? hors de leur pays, hors du sol que leur
avait donné la nature. Comme les fleuves qui
grossissent en s'éloignant de leur source, ils ne
sont devenus grands, par la puissance du glaive
et par celle de l'esprit, que loin de la contrée où
ils avaient pris origine. Leur berceau n'a produit
qu'une génération ; puis, il a cessé de produire ;

et, sans le précepte religieux qui envoie tout musulman boire une fois en sa vie à la source de la loi, les Arabes seraient devenus complétement étrangers à l'Arabie. C'est dire, ô mon fils, qu'ils n'ont point de patrie, car vainement, sur la terre étrangère, ont-ils bâti des temples et des palais; ils sont encore campés sous la tente du voyageur. »

« Je devrais dire sous la tente du guerrier, puisque leur vie est un perpétuel combat. Dans leur petit nombre, ils n'ont pu, couvrant le monde entier, toucher de la main les deux pôles; et les peuples qu'ils avaient chassés devant eux ont enfin trouvé des asiles. Nous sommes enveloppés d'une ceinture d'ennemis; non de ces ennemis ordinaires, dont l'hostilité naît du voisinage, et qui, lorsque la paix succède à la guerre, deviennent quelquefois des alliés; mais de ces ennemis implacables, avec qui nulle composition, nulle trève ne sont possibles, et qui nous ont juré guerre à mort, parce qu'ils ont amassé contre nous, destructeurs de leurs idoles et ravisseurs de leurs champs, toutes les haines du ciel et de la terre, parce qu'ils ne peuvent, que par notre extermination, recouvrer les tombeaux de leurs pères, et rendre des berceaux à leurs enfans. Comme la goutte d'eau qui creuse la pierre, comme l'insecte qui perce le palmier, sans cesse ils frappent au pied du colosse de notre puissance, et minent sourdement son étroite base. Comment les vaincre? comment dompter ces tigres toujours rugissans? Sera-ce par l'ascendant de l'esprit? mais, dans cette horreur d'un sang et d'un culte ennemis qu'ils sucent avec le lait, ils rejettent, comme un vêtement empesté, notre langue, nos mœurs, nos sciences, nos arts. Ils nous approchent, mais ne nous touchent point, et toutes les relations des deux peuples se font sur le champ de bataille, à portée de flèches, ou à la pointe de l'épée. Sera-ce par la force des armes? On peut bien les vaincre, mais non les détruire. Chassés des villes, ils se cachent aux forêts; chassés des plaines, ils gravissent aux montagnes. On prend le pays, non ses habitans. Nulle concession ne les apaise, nul danger ne les effraie, nul revers ne les décourage.

Si on les laisse en repos, ils attaquent; si on les attaque, ils résistent; si on les défait, ils fuient; si on s'éloigne, ils reparaissent; et chaque année il faut invariablement recommencer une œuvre toujours nouvelle, comme il faut parcourir le cercle toujours renaissant des saisons. Vois mon exemple: Depuis que je conduis la lance de nos guerriers, je l'ai incessamment dirigée contre les Chrétiens. J'ai franchi tous leurs fleuves, j'ai parcouru tous leurs champs, j'ai traversé toutes leurs villes; et pourtant, après vingt-cinq années d'heureux combats, la longue chaîne de mes victoires vient se briser en un jour contre le roc de leur opiniâtreté...»

Un long et douloureux soupir qui souleva sa poitrine déchirée, obligea le Hagib à s'interrompre. Mais il maîtrisa promptement cet amer retour sur lui-même, et, reprenant assez de fermeté d'âme pour remonter d'un sentiment personnel aux idées générales, il continua de la sorte:

« Ces ennemis qui nous pressent et nous harcèlent, j'ai demandé, comment les vaincre? Je me suis trompé, mon fils; je devais dire, comment leur résister? D'où vient qu'à l'origine de nos conquêtes, une seule de nos tribus suffisait pour subjuguer un peuple ? C'est qu'elle était unie; c'est que tous ses membres s'appelaient frères. La force est dans l'union, dans la fraternité. Or, jamais alchimiste, invoquant le hasard, n'a forcément mêlé dans son creuset plus d'élémens divers que n'en réunit la nation qui obéit au sceptre du Khalyfe. A ses conseils, à ses fêtes, parmi les chefs de ses guerriers, de ses prêtres, de ses écoles, il ne voit que des Arabes comme lui. Mais ce n'est que la tête du peuple. Examine quels en sont les membres ; et tu verras si l'on peut attendre, d'un corps ainsi constitué, l'unité de mouvement et la durée de la vie. Quels sont les laboureurs de nos champs et les artisans de nos cités? Des Chrétiens et des Juifs, races asservies, races inférieures, qui croupissent dans leur ignorance et leur idolâtrie, et qui ne peuvent nous donner leur affection en retour de notre mépris. Nous avons, il est vrai, désarmé la haine de ces vaincus, par un noble usage de la victoire. Mais notre tolérance n'a point gagné jusqu'à leur dévouement; c'est beaucoup qu'elle ait obtenu d'eux l'indifférence et la neutralité. Leurs vœux secrets appellent le triomphe de nos ennemis extérieurs, leurs frères par le sang et par la foi, leurs semblables par le langage et les coutumes, leurs égaux par l'intelligence, lesquels, en nous chassant de la terre de leurs communs aïeux, les délivreraient du joug de toutes nos supériorités. »

« Telle est la nation dont les bras nous nourrissent. Quelle est celle dont les bras nous défendent ? quels sont les soldats de notre armée ? Des Berbères, des hommes du Couchant, des fils de l'Atlas, races vaincues également, également inférieures, que nous avons tenues d'abord dans l'asservissement, et que nous avons traînées ensuite à d'autres conquêtes. On devait croire, en les voyant adopter notre loi, qu'ils se donnaient à nous sans réserve. Loin de là : devenus frères par la croyance, ils ont oublié leur origine pour prétendre à la parfaite égalité. Ils sont comme les

coursiers que blessent les courroies de la bride;
ils s'indignent du frein, exigent l'indépendance,
et rêvent le commandement. Depuis long-temps
ils ont compté leur nombre et le nôtre. Déjà ils
ont appris que, sans eux, nous sommes impuissans; le triste et sanglant essai d'aujourd'hui
leur en donne une éclatante preuve. Quand ils
sauront, et ce jour n'est pas loin, que, contre
eux, nous sommes impuissans, alors notre dernière heure sera venue. Ceux-là, mon fils, ceux-
là, qui semblent nos défenseurs, sont nos vrais
ennemis; non moins impitoyables que les Chrétiens, car la vengeance d'une ancienne défaite,
le ressentiment de leur longue infériorité, l'envie
de nos richesses et l'ambition de notre puissance, tout excite leur haine contre nous; et
plus dangereux que les Chrétiens, car, dispersés que nous sommes au milieu de leur multitude,
ils n'ont qu'à marquer les victimes, et se partager le sacrifice, pour se partager les dépouilles. »

« Vois, depuis que nous régnons sur l'Espagne, combien de périls nous a fait courir leur
inimitié. A-t-on vu le gouvernement d'un Emyr,

lorsque nous étions province du Khayfat d'O-
rient, ou le règne d'un Khalyfe, depuis que
nous avons nos propres souverains, s'écouler
dans la paix, et sans que des discordes impies
missent le glaive aux mains des enfans de l'Islam? Le premier Kaÿd factieux qui refuse le tribut au prince, et s'imagine d'ériger son district
en royaume; le premier Wali ambitieux qui
convoite le trône, et s'intitule chef de dynastie;
le premier Imam insensé, qui commerce avec le
ciel à l'heure de la prière *Térawih* (1), qui se
croit prophète, et veut fonder une loi nouvelle;
tous ces ennemis de la paix publique, tous ces
fléaux de l'État, sont assurés de trouver aussitôt des complices de leur révolte, ou des apôtres
de leur doctrine. A quelque tribu qu'ils appar-
tiennent, sans le secours du droit ou de la con-
viction, ils ont, par leur seule naissance, un parti
tout formé, que l'attrait de la nouveauté, le
goût du désordre, les haines de races, ont bientôt grossi de tous ceux qui ne cherchent qu'à

____

(1) Prière de nuit.

couvrir d'un nom moins odieux leur passion
de la rapine et du sang. On m'a loué d'avoir
vaincu les Chrétiens ; on aurait dû me louer davantage d'avoir contenu les Berbères. C'est là
qu'est ma vraie gloire , et je suis plus grand par
vingt-cinq années de paix dans l'empire, que par
vingt-cinq années de victoires au-delà des frontières. »

« Pour résister à tant d'ennemis qui nous attaquent du dehors et qui nous menacent au-de-
dans, nous n'avons eu qu'une seule force ; celle
d'un prestige, celle d'un mot : Le Khalyfat. La
mission céleste du Prophète , en se continuant ,
pour ainsi dire , dans ses successeurs, leur a
transmis le double pouvoir de pontife et de roi ;
et cette qualité sacrée qui reposé sur leurs têtes ,
a fait du Khalyfe le centre vénérable autour duquel le lien d'une foi commune retient encore et
rattache tous ces élémens divers ou contraires
dont se compose la nation qu'on appelle arabe.
Ce lien rompu, le faisceau se détache, et l'empire
tombe. C'est donc le respect religieux qu'impose
le nom de *successeur*, qu'il importe surtout

d'entretenir dans l'esprit des peuples. La tiare impériale était sous ma main ; vingt fois on m'a pressé de la prendre ; et certes, s'il est dans ce monde quelque objet digne d'une grande ambition, c'est ce pouvoir qui s'étend à la fois sur les âmes et sur les corps. Mais Allah m'a donné la force de sacrifier, aux intérêts de la grande famille de mes frères, une satisfaction d'orgueil dans moi-même et dans mes enfans; et ce sacrifice, ô mon fils, pèsera plus que tous mes exploits dans la balance de celui qui juge les actions des hommes. Chaque usurpation est une mortelle atteinte à la vénération qui s'attachait jadis à l'héritage de Mahomet, et qui ne s'use que trop par le seul effet du temps. Dans son œuvre immense et magnifique, le Prophète a fait un oubli; il n'a point réglé sa succession. En étendant leur puissance au-delà des bornes de la vie, en désignant, à défaut de loi fixe, l'héritier de cette puissance, les Khalyfes, comme Samson, ont renversé le temple sur eux-mêmes. Les enfans se sont disputé le trône de leurs pères, et, à la faveur de ces querelles, des étrangers souvent s'y sont assis. Vois combien de souverains usurpateurs, combien de dynasties nouvelles ont déjà passé sur le trône d'Orient. Notre Andalousie n'a échappé à la ruine immédiate dont la menaçaient les dissensions des Emyrs et des races, qu'à la faveur d'un nouveau Khalyfat. Mais nous avons acheté notre salut par la rupture de la grande unité musulmane, par le scandale d'un schisme, par les périls de la rivalité entre les deux pouvoirs égaux d'Orient et d'Occident. Sans être à l'abri des guerres de succession, les héritiers du grand Abdérame ont tous dignement soutenu son édifice, en l'appuyant sur les colonnes de leurs vertus, héréditaires dans la noble famille d'Oméyah. Mais en quelles mains repose aujourd'hui le poids du sceptre? Heschaïm, toujours enfant, pourra parvenir à la vieillesse, mais sans passer par l'âge mûr. On peut dire que, durant sa vie, le trône, déjà vacant, est en proie aux compétiteurs; comme il n'a point de fils, que sera-ce après sa mort? »

« Avec Hescham peut s'éteindre la dynastie; avec elle, le Khalyfat; avec lui, notre race en-

tière. Crois, ô mon fils, à mes tristes pressenti-
mens. Nous avons touché au dernier terme de
notre grandeur ; la chute est prochaine, et sera
rapide comme l'élévation. Délivrés de l'unique
entrave qui retienne leurs hordes sauvages, les
Africains vont se ruer sur nos frères, qui n'ont
plus de patrie, plus de retraite, plus d'asile ;
puis, après la lutte à mort que se livreront les
deux irréconciliables races, les Chrétiens, leurs
communs ennemis, n'auront plus qu'à venir
prendre une place que tant de combats auront
laissée vide. Alors s'acharnera sur nous la double haine du sang et de la croyance ; alors périront, avec les hommes de notre sang, et les
monumens dont nous avons chargé la terre, et
les riches cultures qui fertilisent les champs, et
les ateliers d'industrie qui décorent nos cités,
et les livres enfin, où la plume a gravé, pour
l'enseignement des autres âges, tous nos travaux
de notre intelligence. Notre nom lui-même pé-
rira peut-être avec nos œuvres. S'il survit, ce
ne sera point comme celui d'un peuple bienfaisant qui a répandu devant lui la lumière ; haï

par le Nord et par le Midi, il deviendra un
outrage (1) dans la bouche des nations ennemies qui nous auront détruits sans nous avoir
connus, et notre mémoire, que devraient bénir
toutes les générations futures, sera maudite par
la voix des siècles. »

Al-Mansoûr cessa de parler. Depuis qu'il annonçait les désastres de la race arabe, sa parole s'était affaiblie et presque éteinte. Il semblait épuisé par un si long effort, par de si tristes prédictions. Cependant, malgré les prières
des médecins qui voulaient éloigner Abd-al-
Malek, il appela de nouveau son fils : « Écoute
encore, lui dit-il à voix basse ; il me reste à te
donner un dernier conseil. Ensuite, je rentre-
rai dans le repos. Tant que j'ai gouverné, j'ai
fait la guerre. Je voulais mettre une barrière
puissante entre les Chrétiens et nous ; je voulais occuper, éteindre peut-être, dans des en-

(1) Du nom de *Scharqyyn*, Orientaux, que donnaient aux Arabes les Musulmans d'Afrique, s'est formée l'expression injurieuse de
Sarrasins.

treprises extérieures, les inimitiés intestines. Je
n'ai fait, hélas! qu'ajourner le double péril.
Maintenant, pour continuer mon œuvre, essaie
le pouvoir de la paix. L'empire en a besoin; les
Chrétiens affaiblis ne songeront de long-temps à
rien tenter contre nous, et les Africains plie-
ront, je l'espère, sous le joug toujours tolé-
rable de la justice et de la modération. Veille
sur ton frère et sur les imprudens qu'emporte
un fol orgueil. La moindre violence, la moindre injure, allumerait l'incendie qui doit nous
dévorer. Songe, Abd-al-Malek, que Dieu remet
en tes mains la destinée de tout un peuple.
Songe aussi que, parmi nous, si les pères ano-
blissent leurs enfans, par une heureuse récipro-
cité, les enfans illustrent leurs pères. Je pen-
sais, à toute heure de ma vie, qu'on m'appelait
fils d'Amer; n'oublie jamais qu'on t'appelle fils
d'Al-Mansoûr. »

En achevant ces mots, le Hagib attira son fils
sur sa couche, et le baisa au front. Abd-al-
Malek, inondé de pleurs, fut entraîné par son
ami; les médecins eux-mêmes s'éloignèrent,

et la tente du blessé demeura déserte. Dès qu'il se vit seul, Al-Mansoûr accomplit sa résolution. Il arracha les appareils qui retenaient son sang, et se laissa mourir. L'armée suivit ses restes jusqu'à Cordoue; elle assista tout entière à son convoi magnifique, où le Khalyfe récita lui-même l'oraison des morts. Encore couvert de son armure, Al-Mansoûr fut enseveli dans cette poussière précieuse recueillie sur tous les champs de bataille où il avait combattu, et l'on grava les noms de cinquante victoires sur la pierre de son tombeau.

FIN.

TABLE DES CHAPITRES.

FIN DE LA TABLE.

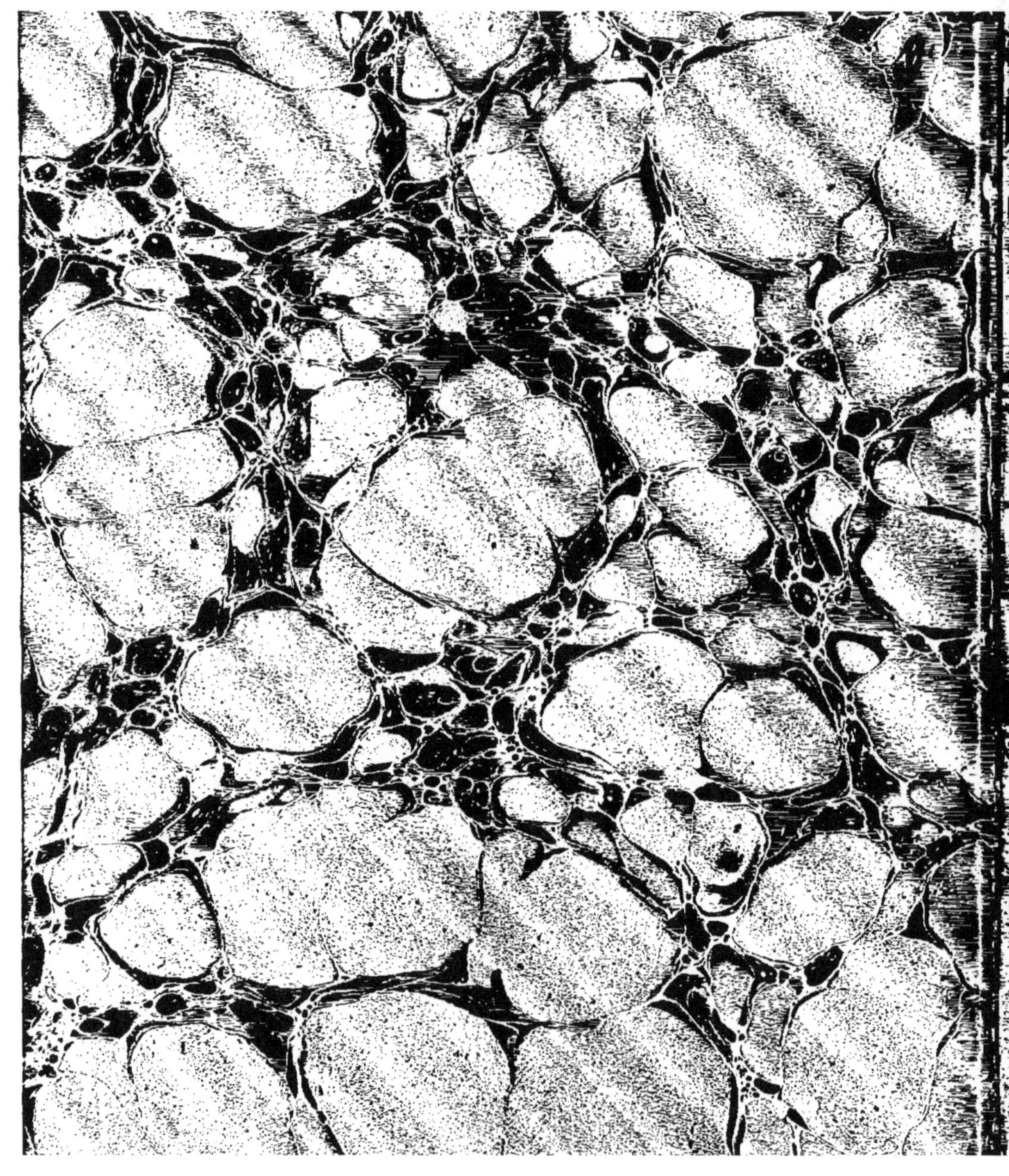

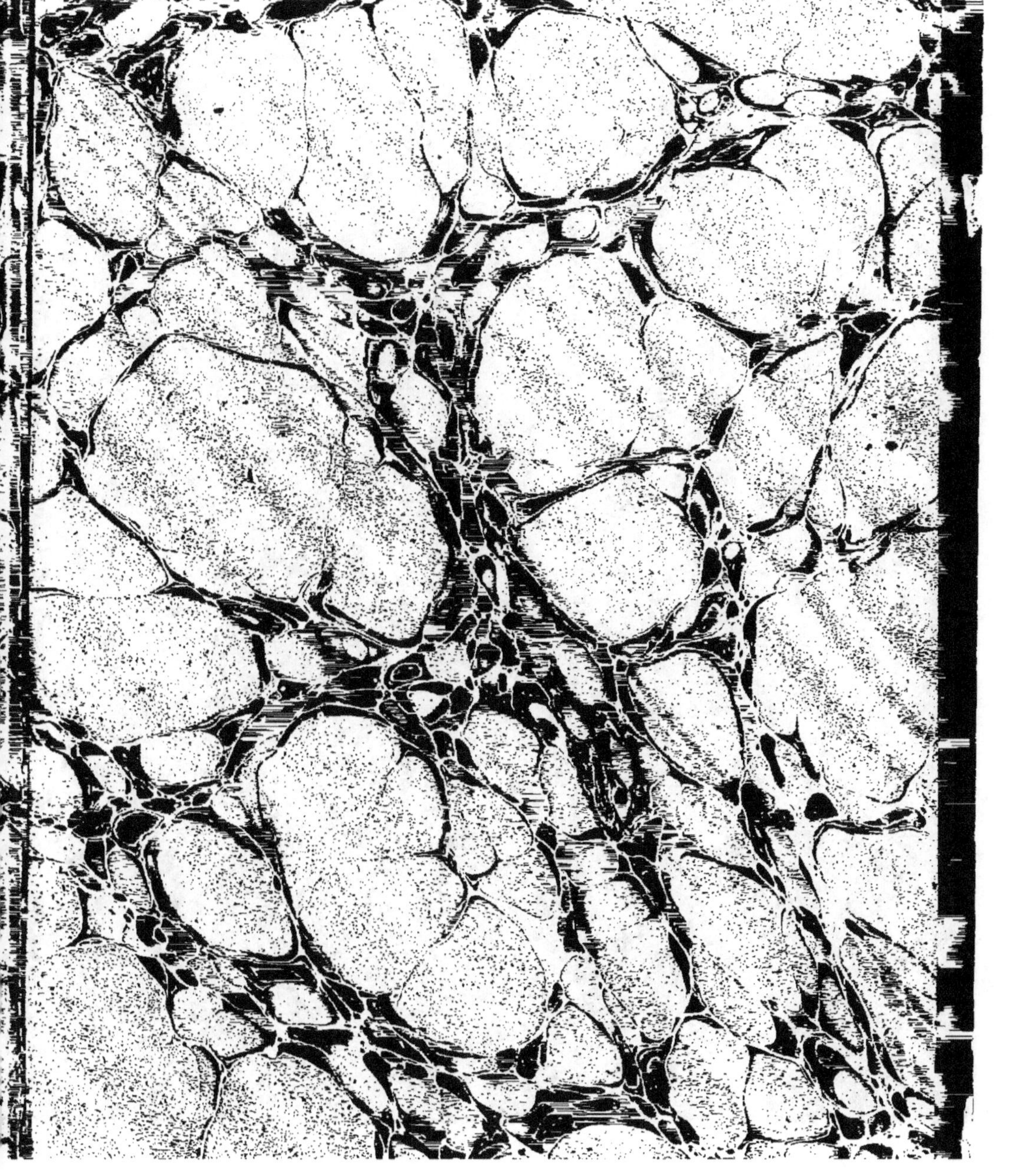